essentials

essentials liefern aktuelles Wissen in konzentrierter Form. Die Essenz dessen, worauf es als „State-of-the-Art" in der gegenwärtigen Fachdiskussion oder in der Praxis ankommt. *essentials* informieren schnell, unkompliziert und verständlich

- als Einführung in ein aktuelles Thema aus Ihrem Fachgebiet
- als Einstieg in ein für Sie noch unbekanntes Themenfeld
- als Einblick, um zum Thema mitreden zu können

Die Bücher in elektronischer und gedruckter Form bringen das Fachwissen von Springerautor*innen kompakt zur Darstellung. Sie sind besonders für die Nutzung als eBook auf Tablet-PCs, eBook-Readern und Smartphones geeignet. *essentials* sind Wissensbausteine aus den Wirtschafts-, Sozial- und Geisteswissenschaften, aus Technik und Naturwissenschaften sowie aus Medizin, Psychologie und Gesundheitsberufen. Von renommierten Autor*innen aller Springer-Verlagsmarken.

Florian Offergelt · Sebastian Hofreiter ·
Thomas Steiner

Künstliche Intelligenz im modernen Wissensmanagement

Ein Praxisleitfaden zur Anwendung von Wissenszwillingen, KI-Agenten und Workflows

Springer Gabler

Florian Offergelt
quantics plus Unternehmensberatung
München, Deutschland

Universitäres Hochschulinstitut
Schaffhausen
Schaffhausen, Schweiz

Thomas Steiner
quantics plus Unternehmensberatung
München, Deutschland

Sebastian Hofreiter
quantics plus Unternehmensberatung
München, Deutschland

Hochschule für angewandtes
Management
München, Deutschland

ISSN 2197-6708   ISSN 2197-6716 (electronic)
essentials
ISBN 978-3-662-72564-1   ISBN 978-3-662-72565-8 (eBook)
https://doi.org/10.1007/978-3-662-72565-8

Die Deutsche Nationalbibliothek verzeichnet diese Publikation in der Deutschen Nationalbibliografie; detaillierte bibliografische Daten sind im Internet über https://portal.dnb.de abrufbar.

Springer Gabler ist ein Imprint der eingetragenen Gesellschaft Springer-Verlag GmbH, DE und ist ein Teil von Springer Nature.
Die Anschrift der Gesellschaft ist: Heidelberger Platz 3, 14197 Berlin, Germany

Wenn Sie dieses Produkt entsorgen, geben Sie das Papier bitte zum Recycling.

Was Sie in diesem essential finden können

- Praktische Anwendungsfelder von Künstlicher Intelligenz (KI) im Wissensmanagement mit Fokus auf Wissenszwillinge und KI-Agenten
- Handlungsempfehlungen für die Einführung von KI-Tools
- Ideen und Impulse zur Effizienzsteigerung durch Automatisierung und den Einsatz von KI
- Chancen und Risiken der KI-Nutzung einschließlich Grenzen, psychologischer Aspekte und typischer Stolperfallen in der Unternehmenspraxis
- Zukunftsorientierte Wissenskultur, die verdeutlicht, warum trotz KI immer Menschen gebraucht werden

Vorwort

Dieses essential ist aus unserer täglichen Arbeit mit Menschen bei unseren Kunden und Klienten entstanden. Immer wieder begegnen wir dort Entscheidern und Führungskräften, die angesichts der rasant auftretenden neuen Technologien ratlos sind. Welche Entwicklungen sind für ihre Organisation wirklich relevant? Wie lassen sich die richtigen KI-gestützten Lösungen identifizieren, bewerten und nachhaltig implementieren? Als Experten in diesem Bereich werden wir immer wieder um Orientierung gebeten, nicht zuletzt auch nach dem positiven Echo auf unser erstes Buch zum Wissensmanagement „Wissensmanagement in modernen Organisationen" (Offergelt et al. 2024). Diese Erfahrungen zeigen, dass ein klarer, praxisnaher Leitfaden dringend benötigt wird.

Die Herausforderungen, mit denen Organisationen heute konfrontiert sind, verschärfen diesen Bedarf zusätzlich. Der Fachkräftemangel und der demografische Wandel stellen Unternehmen vor enorme Aufgaben: Wissen droht verloren zu gehen, weil erfahrene Mitarbeiterinnen und Mitarbeiter ausscheiden, während gleichzeitig die Erwartungen an Effizienz, Flexibilität und Innovationskraft steigen. In dieser Situation wird der gezielte Einsatz von Künstlicher Intelligenz im Wissensmanagement zu einem entscheidenden Erfolgsfaktor. Künstliche Intelligenz kann helfen, Wissen zu sichern, zugänglich zu machen und Prozesse zu automatisieren, doch nur, wenn sie sinnvoll eingeführt und verantwortungsvoll genutzt wird.

Unser Ziel ist es, mit diesem *essential* einen kompakten Überblick zu geben. Über die Möglichkeiten und Grenzen von Künstlicher Intelligenz im Wissensmanagement, über typische Einsatzfelder und darüber, wie Unternehmen den Weg von der Technologiebegeisterung zur tatsächlichen Wertschöpfung gestalten können. Wir richten uns dabei an Entscheiderinnen und Entscheider, Führungskräfte, Mitarbeiterinnen und Mitarbeiter sowie interessierte Personen in Organisationen, die Orientierung und konkrete Anhaltspunkte suchen, um die digitale Transformation erfolgreich zu gestalten.

München, Deutschland   Florian Offergelt
September 2025   Sebastian Hofreiter
                                                             Thomas Steiner

Inhaltsverzeichnis

1.1 Warum Wissensmanagement ein zukunftsentscheidender Faktor ist

Seit langem gilt Wissen als eine der wichtigsten Ressourcen (oder gar die wichtigste Ressource) von Organisationen und im digitalen Zeitalter wird es zunehmend zum kritischen Erfolgsfaktor. Studien zeigen, dass Unternehmen weltweit jedes Jahr erhebliche Summen verlieren, weil Wissen nicht effektiv geteilt oder weitergegeben wird. Allein in den 500 größten US-Unternehmen belaufen sich die jährlichen Verluste aufgrund unzureichenden Wissensaustauschs und Wissensverlusts auf mehr als 31 Mrd. US-Dollar (Babcock 2004). Parallel dazu zeigt eine aktuelle Benchmark-Studie in Europa, dass Unternehmen mit reifem Wissensmanagement deutliche Produktivitätssteigerungen und Kostenvorteile erzielen. Besonders hervorzuheben ist, dass Organisationen, die durch Künstliche Intelligenz (KI) gestützte Wissensmanagement-Systeme einsetzen, viermal häufiger signifikante Kosteneinsparungen berichten als solche ohne KI (Notion 2025). Ein klares Signal für den konkreten Nutzen eines guten und modernen Wissensmanagements. In einer Studie im deutschen und österreichischen Mittelstand gaben 38 % der Befragten an, dass viele Teile oder sogar der Großteil des Wissens verloren gehen, wenn Mitarbeitende das Unternehmen spontan ohne sinnvoll geregelte Übergabe verließen, ein drastischer Hinweis auf die Risiken unzureichenden Wissensmanagements (Kyocera Document Solutions 2018).

Die Dringlichkeit wird durch den demografischen Wandel zusätzlich verstärkt. Bis 2039 wird in Deutschland fast ein Drittel (31 %) der Erwerbstätigen das Rentenalter erreichen (Statistisches Bundesamt 2025). Mit ihnen droht wertvolles Erfahrungswissen aus den Organisationen zu verschwinden. Gleichzeitig erfordert

F. Offergelt et al., *Künstliche Intelligenz im modernen Wissensmanagement*, essentials, https://doi.org/10.1007/978-3-662-72565-8_1

der zunehmende Fachkräftemangel, dass Wissen schneller, breiter und nachhaltiger in Unternehmen verfügbar gemacht wird, um Produktivität und Innovationskraft aufrechtzuerhalten.

Darüber hinaus sind Organisationen heute mit einer immer höheren Veränderungsgeschwindigkeit konfrontiert. Neue Technologien, Märkte und Arbeitsweisen entstehen in kürzester Zeit. Wer Wissen effizient erfasst, verteilt und nutzbar macht, schafft sich daher einen entscheidenden Wettbewerbsvorteil. Wissensmanagement ist somit nicht nur ein Thema der internen Organisation, sondern ein zentraler Hebel, um Zukunftsfähigkeit, Resilienz und Innovationsstärke sicherzustellen.

1.2 Relevanz von KI – Hype oder echter Hebel?

Kaum ein anderes Thema hat in den vergangenen Monaten eine vergleichbare Präsenz und Aufmerksamkeit entfaltet wie Künstliche Intelligenz. Schlagzeilen, Diskussionen in den Medien und hitzige Debatten in den Führungsetagen vermitteln manchmal den Eindruck, es handle sich um einen kurzfristigen Hype. Doch ein genauerer Blick zeigt, KI ist gekommen, um zu bleiben. Technologien wie generative Modelle, intelligente Assistenten oder sogenannte Knowledge Bots (z. B. digitale Wissenszwillinge) verändern bereits heute die Art, wie Wissen erfasst, verarbeitet und nutzbar gemacht wird.

Gleichzeitig befinden wir uns noch am Anfang einer Entwicklung. Unternehmen probieren viel aus, Plattformen und Anbieter überschlagen sich mit Innovationen und neuen Modellen. Auch zwischen den großen Wirtschaftsregionen herrscht ein regelrechter Wettlauf. Die USA, Europa und China investieren massiv, verfolgen jedoch unterschiedliche Strategien und Prioritäten. Wer am Ende die Nase vorn haben wird, ist noch offen, sicher ist jedoch, dass die Spielregeln der globalen Wirtschaft dauerhaft beeinflusst werden.

Für Organisationen bedeutet das, dass Abwarten keine Option ist. Wer sich heute nicht mit den Potenzialen und Grenzen von KI auseinandersetzt, läuft Gefahr, entscheidende Entwicklungen zu verpassen. Erste Studien belegen, dass Unternehmen, die frühzeitig KI-Lösungen im Wissensmanagement einsetzen, spürbare Vorteile erzielen, sei es durch gesteigerte Effizienz, schnellere Entscheidungsfindung oder den besseren Zugang zu relevanten Informationen (Singla et al. 2025). Zugleich zeigen Erfahrungen aus der Praxis, dass die Einführung von KI kein Selbstläufer ist. Ohne eine klare Strategie, ohne die richtige Einbettung in Strukturen und langfristig auch die Kultur, bleibt der erhoffte Nutzen oft aus.

Das macht den Unterschied zwischen Hype und echtem Hebel aus. KI im Wissensmanagement ist kein Allheilmittel, das alle Probleme auf Knopfdruck löst. Richtig eingesetzt eröffnet sie jedoch enorme Chancen. Sie kann helfen, den Fachkräftemangel abzufedern, das Erfahrungswissen scheidender Mitarbeitender zu sichern und die Lernfähigkeit von Organisationen deutlich zu erhöhen. Es geht also nicht um die Frage, ob KI relevant ist, sondern wie Organisationen diese Relevanz für sich nutzen. Die kommenden Jahre werden entscheidend dafür sein, ob es gelingt, aus den Möglichkeiten echte Wertschöpfung zu generieren.

1.3 Zielgruppe und Nutzen des Buches

Dieses essential richtet sich an Entscheiderinnen und Entscheider, Führungskräfte sowie interessierte Personen, die unter anderem vor der Aufgabe stehen, neue Technologien sinnvoll in ihre Organisationen, Arbeits- und Wissensprozesse zu integrieren. Viele von ihnen sehen sich mit einer Vielzahl an KI-Lösungen konfrontiert und fragen sich, welche davon wirklich relevant sind und wie sie erfolgreich eingeführt werden können.

Unser Ziel ist es, Orientierung zu geben. Wir zeigen praxisnah, welche Anwendungsfelder von KI im Wissensmanagement bereits heute Mehrwert schaffen und welche Stolperfallen es zu vermeiden gilt. Dabei geht es nicht um technische Detailfragen, sondern um strategische und organisatorische Entscheidungen. Das Buch liefert konkrete Ansatzpunkte, wie Organisationen ihre Wissensbasis sichern, Effizienz steigern und Zukunftsfähigkeit aufbauen können.

Die Autoren bringen hierfür ihre Erfahrung aus zahlreichen Praxis- und Beratungsprojekten ein. Darüber hinaus fließen ihre wissenschaftlichen Arbeiten aus Forschung und Lehre ein, die eine fundierte Grundlage bieten. Übergeordnet wird so eine starke Verbindung von Theorie und Praxis sichergestellt. Es werden in diesem essential keine konkreten Anbieter von Lösungen empfohlen, sondern die relevanten Anwendungsfälle selbst klar beschrieben. Damit wollen wir dazu beitragen, dass die Adressaten dieses Formats die richtigen Entscheidungen treffen. Fundiert, umsetzbar und mit einem klaren Blick auf die Wertschöpfung.

1.4 Aufbau und Herangehensweise

Das essential folgt einer klaren Struktur. Wir beginnen mit einer Einführung in Künstliche Intelligenz und ihre Relevanz für das Wissensmanagement. Im Anschluss stellen wir konkrete Anwendungsformen vor. Von digitalen

Wissenszwillingen über KI-Agenten bis hin zu automatisierten Workflows. Im letzten Abschnitt wenden wir uns dem Rahmen der Implementierung zu. Hier diskutieren wir die Bedeutung relevanter Daten und deren Qualität, bevor wir den Blick auf den Menschen richten, der in allen Phasen ein unverzichtbarer Faktor für den Erfolg bleibt. Unsere Herangehensweise zum Thema KI im Wissensmanagement ist pragmatisch, menschenorientiert und wissenschaftlich fundiert:

- **Pragmatisch**: Unser Zugang zu KI im Wissensmanagement ist bewusst pragmatisch. Ziel ist es, nicht in technischer Komplexität zu verharren, sondern konkrete Hilfestellungen zu geben. Deshalb bieten wir Schritt-für-Schritt-Anleitungen, die sich ohne tieferes IT-Fachwissen in der Praxis umsetzen lassen. Dieses essential soll Führungskräften und Mitarbeitenden gleichermaßen ermöglichen, den Einsatz von KI-Tools im Wissensmanagement direkt auszuprobieren und dabei erste spürbare Erfolge zu erzielen.
- **Menschenorientiert**: Als Wirtschaftspsychologen ist es uns ein besonderes Anliegen, die Rolle des Menschen im Zentrum zu halten. Tools allein entfalten keinen Nutzen, wenn sie nicht akzeptiert und genutzt werden. Deshalb legen wir in unseren Empfehlungen und Handlungsoptionen besonderen Wert auf die psychologische Dimension der Implementierung: Vertrauen, Akzeptanz und Motivation der Mitarbeitenden. Für uns bleibt der Mensch der entscheidende Erfolgsfaktor. Nicht die Technologie an sich.
- **Wissenschaftlich fundiert**: Gleichzeitig basiert unser Vorgehen auf einer soliden wissenschaftlichen Grundlage. Fragen der Datenqualität, der Implementierung oder der Bewertung von KI-Systemen im Wissensmanagement betrachten wir im Lichte aktueller empirischer Befunde und theoretischer Modelle. Auf diese Weise verbinden wir praxisnahe Handlungsempfehlungen mit wissenschaftlicher Fundierung und stellen sicher, dass unsere Argumente sowohl nachvollziehbar als auch evidenzbasiert sind.

Künstliche Intelligenz im Wissensmanagement

2

2.1 Was ist „Künstliche Intelligenz"?

Künstliche Intelligenz (KI) bezeichnet Systeme, die für spezifische Aufgaben konzipiert und auf Basis großer Datenmengen trainiert werden, um auf diese Aufgaben zu reagieren, zu handeln oder Schlussfolgerungen zu ziehen. Dabei werden zentrale Teilaspekte menschlicher Intelligenz, wie etwa die Fähigkeit zur Mustererkennung, zum logischen Schließen oder zur sprachlichen Verarbeitung, in technischer Form nachgebildet. KI unterscheidet sich jedoch insofern vom Menschen, als sie weder über ein Bewusstsein noch über eine eigenständige Motivation verfügt, sondern auf der algorithmischen Verarbeitung von Daten basiert.

Um die Rolle von Wissen und Intelligenz im Vergleich zwischen Mensch und KI klarer einzuordnen, lassen sich zentrale Gemeinsamkeiten und Unterschiede systematisch gegenüberstellen. Tab. 2.1 zeigt fünf ausgewählte Aspekte, die in Forschung und Praxis besonders relevant sind.

© Der/die Autor(en), exklusiv lizenziert an Springer-Verlag GmbH, DE, ein Teil von Springer Nature 2025
F. Offergelt et al., *Künstliche Intelligenz im modernen Wissensmanagement*, essentials, https://doi.org/10.1007/978-3-662-72565-8_2

Tab. 2.1 Einordnung der Eigenheiten von Mensch und KI im Kontext von Wissen

	Menschliche Intelligenz	Künstliche Intelligenz
Wissen & Lernen	In Erfahrung, Bedeutung und Kontext eingebettet; flexibel über Lebenszeit erweiterbar	Verarbeitung riesiger Datenmengen; Training auf vorhandenen Daten, schnelle Mustererkennung
Adaptivität/ Generalisierung	Hohe Fähigkeit, Neues zu abstrahieren und auf unbekannte Kontexte anzuwenden inkl. Alltag und soziale Situationen	Eingeschränkt: domänenspezifisch trainiert, geringes Transferpotenzial und fehlende Alltags- oder Common-Sense-Fähigkeit
Metakognition & Bewusstsein	Reflexionsfähig: Menschen erkennen eigene Lernprozesse, Ziele, Irrtümer bewusst und können sie adaptiv korrigieren	Limitierte Selbstwahrnehmung oder Reflexion der eigenen Denkprozesse, funktionale Verarbeitung ohne Bewusstheit
Geschwindigkeit & Skalierbarkeit	Biologisch begrenzt: langsamer, mit begrenzter Kapazität und nicht duplizierbar, dafür energieeffizient	Extrem schnell bei Datenverarbeitung, hoch skalierbar (z. B. Kopierbarkeit, parallele Verarbeitung), hoher Energieverbrauch und geringere Effizienz im Vergleich zum menschlichen Gehirn
Persönlichkeit & Identität	Geprägt durch Biografie, Kultur, Werte und individuelle Erfahrungen; bildet ein konsistentes Selbstverständnis	Keine Persönlichkeit im eigentlichen Sinn; „Identität" reduziert auf technische Parameter und Systemarchitektur

2.2 Vorteile Künstlicher Intelligenz im Wissensmanagement

Es erscheint naheliegend, dass eine technische Innovation, die zentrale Aspekte menschlicher Intelligenz nachzubilden versucht, auch Vorteile für den Umgang mit Wissen eröffnet. Taherdoost und Madanchian (2023) sowie Jarrahi et al. (2023) geben dabei wichtige Impulse, warum der Einsatz von Künstlicher Intelligenz im Wissensmanagement als eine sinnvolle Symbiose zwischen menschlicher Expertise und technologischer Unterstützung verstanden werden kann. Aus dieser Perspektive lassen sich fünf zentrale Mehrwerte ableiten:

1. **Verbesserte Wissensgenerierung & -erfassung**

   KI ermöglicht effizientere Automatisierung der Wissensaufnahme, -erfassung und -generierung. Sie identifiziert relevante Informationen und strukturiert sie systematisch. Deutlich schneller als klassische dokumentenbasierte Methoden.

2. **Erweiterte Speicherung, Abruf & Teilung**

   KI unterstützt bei der besseren Organisation, dem schnellen Abruf und der effektiven Weitergabe von Wissen. Sie erleichtert etwa durch smarte Suchfunktionen und semantische Verknüpfungen die Nutzung komplexer Wissensbestände.

3. **Effizienzsteigerung & kollaborative Prozesse**

   KI-gestützte Systeme reduzieren Informationssilos, fördern die Zusammenarbeit und machen Wissen zugänglicher. Dadurch können Teams schneller und effektiver agieren.

4. **Dynamisch informierte Entscheidungsfindung**

   Durch Analyse großer Datenmengen kann KI Entscheidungsträgern zeitnah fundierte Empfehlungen liefern. Sie wertet Wissensressourcen in Echtzeit aus und unterstützt so adaptives Handeln.

5. **Anpassung an hybride und entfernte Arbeitsszenarien**

   Insbesondere in Zeiten zunehmender Remote- und Hybridarbeit zeigen sich klassische Wissensmanagementsysteme als unzureichend. KI schließt diese Lücken durch automatisierte Organisation und bessere Zugänglichkeit von Wissen über digitale Plattformen.

Bei aller Betonung der Vorteile darf jedoch nicht übersehen werden, dass die erfolgreiche Implementierung von KI im Wissensmanagement wesentlich vom Menschen abhängt. Aspekte wie Akzeptanz, Vertrauen und die wahrgenommene Nützlichkeit spielen eine zentrale Rolle dafür, ob entsprechende Systeme tatsächlich genutzt und in bestehende Arbeitsprozesse integriert werden. Damit zeigt sich eine breite psychologische Palette an Faktoren, die über das reine technologische Potenzial hinausgehen und die Einführung von KI-basierten Wissensmanagementsystemen begleiten müssen. Eine solche Einführung erfordert daher nicht nur technologische Expertise, sondern auch eine psychologisch wertvolle Gestaltung des Change-Prozesses. Hierbei gilt es, Mitarbeitende mitzunehmen, ihre Sorgen ernst zu nehmen und Vertrauen in die neue Technologie aufzubauen. Auf diese Dimension werden wir im letzten Kapitel des Essentials noch einmal ausführlich eingehen; nicht zuletzt, weil es am Ende immer den Menschen braucht, um Wissen wirksam in Organisationen nutzbar zu machen.

2.3   Grenzen und psychologische Aspekte der KI-Nutzung

Wer den Umgang mit Wissen, sei es durch Menschen oder durch KI-Systeme, verstehen möchte, muss zunächst nachvollziehen, wie Wissen psychologisch abgebildet und genutzt wird. In der Psychologie wird Wissen nicht als isolierte Ansammlung von Informationen verstanden, sondern oft in Bezug auf übergeordnete kognitive Fähigkeiten (Intelligenz) eingeordnet. Horn und Cattell (1966) unterscheiden dabei die fluide (Gf) und die kristalline Intelligenz (Gc) als zentrale Faktoren. Während Gf auf biologischen Grundlagen wie Reaktionsgeschwindigkeit oder Abstraktionsfähigkeit beruht und vor allem die Anpassung an neue Situationen ermöglicht, bezeichnet Gc die Gesamtheit gelernter Fähigkeiten, Erfahrungen und das erworbene Wissen (Guilford 1980). Vor diesem Hintergrund lässt sich auch das Funktionsprinzip von Künstlicher Intelligenz einordnen. KI-Systeme werden für spezifische Aufgaben konzipiert und auf Basis umfangreicher Daten trainiert, um anschließend Muster zu erkennen, Vorhersagen zu treffen oder Antworten zu generieren. Ihre „kristalline Intelligenz" liegt gewissermaßen in der enormen Ansammlung und Organisation von Daten, auf die sie zurückgreifen kann. Je größer und qualitativ hochwertiger dieser Datenpool ist, desto vielfältiger und scheinbar intelligenter können die Antworten erscheinen.

In Analogie zur psychologischen Unterscheidung könnte man daher sagen: Während KI eine technische Form von Gc nachbildet, bleibt der Bereich der fluiden Intelligenz, also die flexible Anpassung an neuartige, unbekannte Kontexte, bislang begrenzt. Zwar lassen sich in Teilaspekten Überschneidungen erkennen, etwa in der Geschwindigkeit der Informationsverarbeitung oder in der Vielfalt von Lösungsmöglichkeiten, die KI in kurzer Zeit generieren kann. Diese Leistungen ähneln bestimmten Facetten fluiden Denkens, sind jedoch nicht mit dessen Kernmerkmal gleichzusetzen: Der Fähigkeit, völlig neuartige Probleme ohne bestehende Vergleichsstrukturen zu abstrahieren und zu lösen. So kann eine KI beispielsweise Millionen möglicher Schachzüge in Sekunden berechnen, während ein Mensch sich intuitiv und adaptiv in völlig unbekannten sozialen Situationen zurechtfindet. Ein Bereich, in dem fluide Intelligenz in ihrer vollen Breite zum Tragen kommt.

Die Abbildung von Wissen in KI-Systemen bedeutet somit, dass Teilaspekte menschlicher Intelligenz technisch nachgeahmt werden, insbesondere die systematische Nutzung und Organisation von Informationen. Zugleich fehlt jedoch das, was in der Psychologie als Metakognition beschrieben wird, also das Bewusstsein über die eigenen kognitiven Prozesse und die Fähigkeit, darüber zu reflektieren (Jia et al. 2019).

Damit zeigt sich: KI kann Wissen in einer strukturierten und hochskalierbaren Weise verarbeiten und nutzbar machen, bildet aber nicht das volle Spektrum menschlicher Intelligenz ab. Für das Verständnis von Wissen bedeutet dies, dass wir zwischen einer rein funktionalen Verarbeitung (wie sie KI leistet) und der kontextgebundenen Bedeutung von Wissen unterscheiden müssen. Während KI-Wissen vor allem als Datenpunkt innerhalb eines Systems organisiert, ist Wissen beim Menschen immer in Erfahrungen, Bedeutungszusammenhänge und soziale Kontexte eingebettet. Diese Einbettung verleiht Wissen eine Qualität, die über die reine Informationsverarbeitung hinausgeht und für kreative wie auch für praktische Handlungen entscheidend ist.

Digitale Wissenszwillinge

3

3.1   Was sind digitale Wissenszwillinge?

Das Konzept des digitalen Zwillings stammt aus der Industrie. Gemeint ist ein virtuelles, datengetriebenes Abbild eines physischen Objekts, Prozesses oder Systems, das seinen aktuellen Zustand eng an der Realität widerspiegelt. Zur Anwendung kommen diese digitalen Zwillinge beispielsweise beim Hochlauf neuer Produktionswerke, bei Standorterweiterungen, in der Instandhaltung kritischer Anlagen sowie bei der schnellen Qualifizierung neuer Teams. Ziel sind bessere Analysen, Simulationen und Entscheidungen, zum Beispiel für vorausschauende Wartung oder die Optimierung komplexer Abläufe (Tao et al. 2019).

Übertragen auf den Wissenskontext entwickelt sich aktuell das Konzept des digitalen Wissenszwillings. Darunter verstehen wir ein dynamisches, digitales Abbild des Wissensbestands, das Inhalte, Strukturen und Beziehungen von Wissen modelliert und kontinuierlich aktualisiert. Ein Wissenszwilling verknüpft explizites Wissen aus Dokumenten, Daten und Arbeitsergebnissen mit Daten aus der täglichen Nutzung von Anwendungen und mit domänenspezifischem Kontextwissen. Im Unterschied zu klassischen Wissensdatenbanken geht es nicht nur um Ablage, sondern um ein lernendes, semantisch strukturiertes Modell der Wissenslandschaft einer Organisation, einer Community, Teams oder einer Person.

Vom Asset zum Individuum: Der individuelle Wissenszwilling
Ein digitaler Wissenszwilling kann nicht nur für ganze Organisationen gedacht werden, sondern auch für einzelne Personen, zum Beispiel spezielle Fachkräfte und Experten. Ein individueller Wissenszwilling bildet das professionelle Wissensprofil einer Person ab. Er enthält explizites Wissen, also dokumentierte Inhalte wie

© Der/die Autor(en), exklusiv lizenziert an Springer-Verlag GmbH, DE,   11
ein Teil von Springer Nature 2025
F. Offergelt et al., *Künstliche Intelligenz im modernen Wissensmanagement*,
essentials, https://doi.org/10.1007/978-3-662-72565-8_3

Konzepte, Modelle, Codes, Präsentationen, Studien, Richtlinien und Entscheidungen. Im besten Fall, und damit richtig und sinnvoll angewendet, erfasst er aber auch das implizite Wissen, zum Beispiel Heuristiken, Entscheidungsmuster, Annahmen, Kontextbedingungen, typische Ausnahmen sowie Narrative aus Projekten. Damit werden auch die Erfahrungen, typischen Verhaltensweisen und Handlungsstrategien einer Person eingefangen und für andere nutzbar gemacht.

Die Idee dahinter: Ein individueller Wissenszwilling schafft Sichtbarkeit über Expertise, Denkstile und wiederkehrende Lösungswege einer Person. Er macht Anknüpfungspunkte für Kollaboration und Mentoring sichtbar, beschleunigt Onboarding und Wissenstransfer und reduziert die Abhängigkeit von individuellen Köpfen. Dadurch wird Wissen skalierbar, da die Erfahrung einer Expertin oder eines Experten vielen gleichzeitig zugänglich gemacht wird. Auch wenn Personen eine Organisation verlassen, sei es durch Ruhestand, Wechsel oder andere Gründe, bleibt ihr Wissen im Zwilling erhalten und steht der Organisation weiterhin zur Verfügung. Damit adressiert er auch zentrale Risiken des demografischen Wandels und des Fachkräftemangels.

Was gilt als explizites Wissen und was als implizites Wissen?

- Explizites Wissen ist verschriftlicht und codiert, zum Beispiel in Handbüchern, Protokollen, Spezifikationen, Datensätzen oder Präsentationen.
- Implizites Wissen ist erfahrungsbasiert und schwer zu verbalisieren. Hierzu zählen unter anderem Intuition, situative Urteile, Sinn für Relevanz, Erkennen von Ausnahmefällen oder taktisches Vorgehen. Forschung zeigt, dass Organisationen implizites Wissen nur sehr schwer kodifizieren können, es aber über geeignete Prozesse (z. B. den quantics plus IMPRINT™-Framework) teilweise externalisieren werden kann, etwa durch Beobachtung, Reflexion, Dialog und strukturierte Erfassung (Nonaka 1994). Neueste Methoden, auch dank KI, haben hier einen großen Fortschritt gebracht (z. B. durch Videoanalysen).

Architektur eines individuellen Wissenszwillings

Um die Idee greifbarer zu machen, lässt sich der Aufbau eines Wissenszwillings in vier einfache Ebenen unterteilen. Jede Ebene erfüllt eine bestimmte Aufgabe und zusammen ergeben sie das digitale Abbild einer Person.

- *Datenquellen:* Hier fließen Informationen aus Dokumenten, Mails, Tickets, Wikis, Repositorien, Messdaten, Chatprotokollen, Meetingtranskripten, Lernunterlagen oder Zertifikaten ein.
- *Strukturierung (Semantik):* Diese Daten werden geordnet, zum Beispiel mithilfe von Wissensgraphen oder Taxonomien, sodass Zusammenhänge sichtbar werden.
- *Intelligenzschicht:* Auf dieser Ebene arbeiten Dienste, die Informationen zusammenfassen, Lücken aufzeigen, Vorschläge machen oder die Qualität von Inhalten prüfen.
- *Interaktion:* Nutzerinnen und Nutzer können den Wissenszwilling über Sprache oder Text abfragen, sich durch Wissenslandkarten bewegen oder ihn direkt in ihre Arbeitswerkzeuge einbinden.

Mehrwert eines individuellen Wissenszwillings

Digitale Wissenszwillinge sind eine entscheidende Technologie für die Zukunft, weil sie Organisationen helfen, Wissen systematisch nutzbar zu machen. Gerade mit Blick auf Fachkräftemangel, steigende Komplexität und Kostendruck eröffnen sie konkrete Vorteile, die weit über klassische Wissensdatenbanken hinausgehen.

- *Kein schädliches Wissensverhalten:* Wissenszwillinge verhindern, dass Wissen absichtlich zurückgehalten oder zur Sabotage genutzt wird. Sie verhindern sogenannte Expertenmonopols oder die Künstliche Verknappung von Wissen.
- *Effizienz im Wissenstransfer:* Antworten sind kontextbezogen und direkt nutzbar, anstatt in langen Trefferlisten versteckt.
- *Zeit- und Kosteneinsparungen:* Kürzere Suchzeiten, schnellere Einarbeitung neuer Mitarbeitender und bessere Entscheidungen auch unter Zeitdruck.
- *Resilienz und Risikominimierung:* Kritisches Erfahrungswissen bleibt erhalten und wird in digitalen Modellen abgebildet, selbst wenn Personen die Organisation verlassen.

Kurzdefinition Ein individueller digitaler Wissenszwilling ist ein dynamisches, semantisch strukturiertes und kontinuierlich aktualisiertes Abbild des Wissens und der Expertise einer Person, das explizite Inhalte mit ausgewählten Anteilen ihres impliziten Wissens verbindet, um Wissensarbeit, Zusammenarbeit, Transfer und Entscheidungen spürbar zu verbessern.

3.2   Anwendungsbeispiele im Wissensmanagement: Von Mitarbeitendenwissen bis Projektdokumentation

Digitale Wissenszwillinge sind kein abstraktes Konzept, sondern entfalten ihren Nutzen in sehr konkreten Alltagssituationen. Drei Beispiele aus unterschiedlichen Bereichen verdeutlichen, wie explizites und implizites Wissen erfasst, nutzbar gemacht und in der Praxis eingesetzt werden kann.

1. Produzierender Betrieb: Medikamentenherstellung auf dem Shopfloor/ Fertigungsbereich

In der pharmazeutischen Produktion arbeiten Fachkräfte unter strengen regulatorischen Anforderungen. Ein digitaler Wissenszwilling einer erfahrenen Anlagenführerin könnte hier nicht nur die expliziten Handlungsanweisungen, detaillierte Verfahrensanweisungen und Prozessbeschreibungen sowie Checklisten enthalten, sondern auch implizites Wissen über typische Störungen, Abweichungen und pragmatische Lösungen im Alltag. Wird ein neues Produktionswerk hochgefahren, kann der Wissenszwilling dazu genutzt werden, neue Mitarbeitende schneller einzuarbeiten, Fehlerquoten zu senken und regulatorische Nachweise effizienter zu erbringen. Darüber hinaus lässt sich das Wissen skalieren. Der digitale Wissenszwilling ist in der Lage, vielen Personen gleichzeitig Fragen zu beantworten, ohne dass die Expertin real anwesend sein muss. Dadurch entfallen Reisen, die Arbeit wird erleichtert und Kosten werden gespart. Im Einsatz könnte der Zwilling etwa während der Arbeit per Tablet oder Datenbrille abgefragt werden, um sofort Entscheidungshilfen oder Lösungsvorschläge zu liefern.

2. Wissensarbeit: Finanzanalyst in einer Bank

Ein Analyst verarbeitet täglich große Datenmengen, erstellt Berichte und leitet Empfehlungen für Investitionen ab. Sein digitaler Wissenszwilling enthält explizite Modelle, Excel-Templates, frühere Analysen und Bewertungsberichte sowie implizites Wissen wie Heuristiken für die Bewertung von Marktrisiken, das Gespür für relevante Indikatoren und typische Warnsignale in Daten. Ein neuer Kollege kann durch Zugriff auf diesen Zwilling schnell nachvollziehen, wie Analysen aufgebaut sind und welche Interpretationsmuster sinnvoll sind. Praktisch angewendet wird der Zwilling in Form intelligenter Suchfunktionen oder Assistenten, die bei neuen Analysen automatisch passende Vergleichsfälle und Bewertungskriterien vorschlagen.

3. Praxisnaher Job: Busfahrer im öffentlichen Nahverkehr
Auch in Tätigkeiten mit hohem Routinenanteil entstehen implizite Wissensbestände. Ein digitaler Wissenszwilling eines erfahrenen Busfahrers umfasst explizites Wissen wie Fahrpläne, Streckendokumentationen und technische Handbücher, aber auch implizites Wissen. Typische Verkehrs- und Stausituationen, der Umgang mit schwierigen Fahrgastkonstellationen oder praktische Tipps für sparsames Fahren. Für neue Fahrerinnen und Fahrer bietet der Zwilling konkrete Hilfestellung beim Onboarding und fördert eine gleichbleibend hohe Servicequalität. Eingesetzt werden könnte er etwa in Trainingssimulationen oder als mobile Anwendung, die situativ Hinweise gibt, von alternativen Routen bis zu deeskalierenden Kommunikationsstrategien.

Diese Beispiele zeigen, dass digitale Wissenszwillinge unabhängig von Branche oder Tätigkeit dazu beitragen, wertvolles Wissen zu bewahren, weiterzugeben und im Arbeitsalltag direkt nutzbar zu machen.

3.3 Potenziale & Grenzen

Digitale Wissenszwillinge eröffnen Organisationen eine Vielzahl von Chancen. Sie können helfen, dem Fachkräftemangel zu begegnen, indem das Wissen erfahrener Mitarbeitender skaliert und für viele gleichzeitig nutzbar gemacht wird. Einsparungen entstehen durch kürzere Einarbeitungszeiten, weniger Fehler und effizientere Prozesse. Auch die Resilienz steigt. Kritisches Wissen bleibt in der Organisation verfügbar, selbst wenn Schlüsselpersonen ausfallen oder das Unternehmen verlassen. In einem menschen-zentrierten Ansatz mit Augmented-Realitygestütztem Wissenszwilling zeigt eine Studie von Longo et al. (2019) in realen Produktionsumgebungen signifikante Effekte. Verkürzte Reaktionszeiten, Kostenreduktion und verbesserte Prozessqualität durch gezielten Wissenszugang. In einer Zeit wachsender Unsicherheit und zunehmender Dynamik können Wissenszwillinge so einen entscheidenden Wettbewerbsvorteil bieten.

Gleichzeitig gilt es, die Grenzen im Blick zu behalten. Ein Wissenszwilling ist nur so gut wie die Qualität des Wissens, das in ihn eingespeist wird. Gerade implizites Wissen ist schwer greifbar und erfordert gezielte Methoden, Interviews und Beobachtungen, um es nutzbar zu machen. Zudem bleibt klar, Wissenszwillinge können Menschen nicht ersetzen. Sie sind Werkzeuge, die Wissen strukturieren, zugänglich machen und skalieren, doch sie brauchen weiterhin Expertinnen und Experten, die neues Wissen schaffen, bestehendes hinterfragen und kreative Lösungen entwickeln.

Zukunftsorientiert gedacht liegt die Stärke digitaler Wissenszwillinge darin, Routinen zu automatisieren und vorhandenes Wissen breit verfügbar zu machen. So bleibt mehr Zeit für Innovation, Zusammenarbeit und den Aufbau von echtem Erfahrungswissen. In der Praxis bedeutet das, Wissenszwillinge lösen nicht alle Probleme, aber sie schaffen Raum und Zeit für die Aufgaben, die nur Menschen leisten können.

3.4 Implementierung in der Praxis

Die Einführung von Wissenszwillingen sollte pragmatisch und schrittweise erfolgen. Fünf Phasen genügen, um erste Erfolge sichtbar zu machen und dann zu skalieren (siehe Abb. 3.1).

1. Ziel und Anwendungsfälle festlegen
Um den Einsatz von Wissenszwillingen gezielt zu starten, ist eine systematische Priorisierung notwendig. Nicht jede Idee eignet sich gleichermaßen für die Umsetzung, denn entscheidend ist, wo ein hoher Nutzen mit vertretbarem Aufwand erzielt werden kann. Die Nutzen-Aufwands-Matrix bietet Orientierung und ordnet Vorhaben nach ihrem potenziellen Mehrwert und dem dafür nötigen Ressourceneinsatz. Auf diese Weise lassen sich Quick Wins schnell realisieren, strategische Hebel gezielt entwickeln, Experimente sinnvoll einplanen und weniger dringliche Themen zunächst parken. Diese kann wie in Abb. 3.2 aussehen:

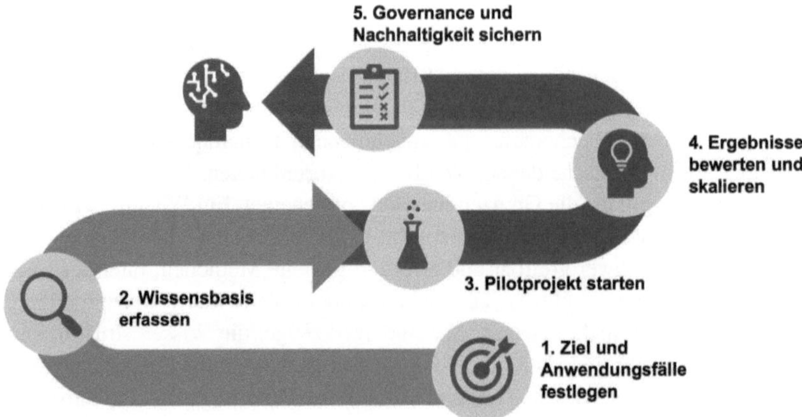

Abb. 3.1 Exemplarische Meilensteine in der Einführung von digitalen Wissenszwillingen

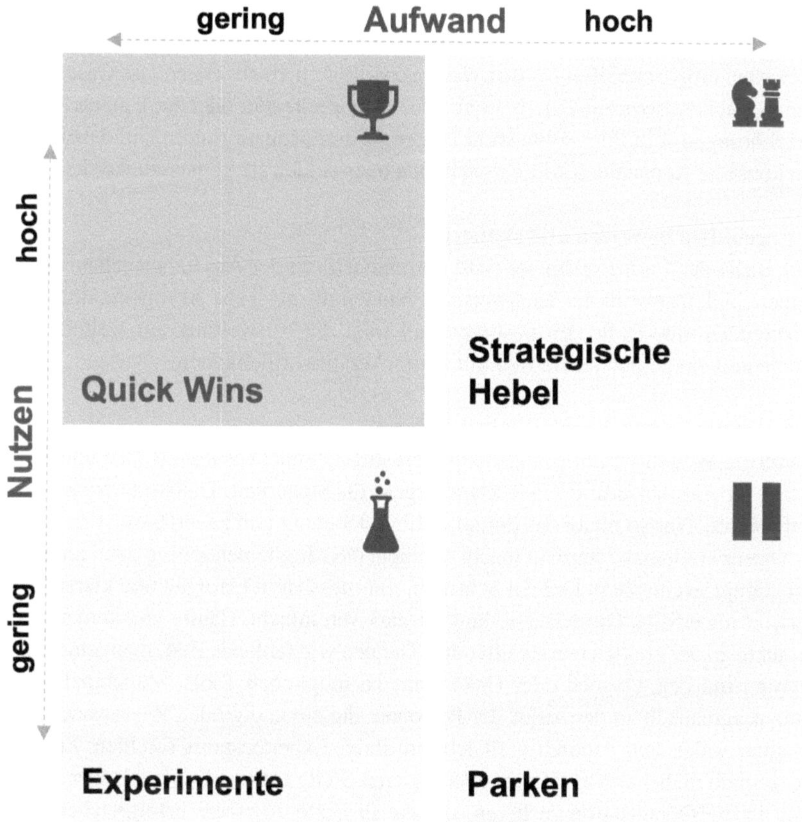

Abb. 3.2 Nutzen-Aufwands-Matrix zur Bewertung von digitalen Wissenszwilling Projekten

2. Wissensbasis erfassen

Im nächsten Schritt geht es darum, vorhandene Dokumente, Prozesse und Daten-quellen zu bündeln und die betroffenen Expertinnen und Experten, die gespiegelt werden sollen, mit einzubeziehen. Neben dem expliziten Wissen spielt besonders die Erhebung von implizitem Wissen eine Rolle, was sich in der Praxis häufig als größte Herausforderung erweist. Implizites Wissen kann etwa durch verschiedene Interview Methodiken, Beobachtungen oder Critical-Incident-Techniken erhoben werden. Eigens zu diesen Zweck wurde von quantics plus beispielsweise der Implicit Knowledge Integration Framework for Digital Twins (IMPRINT™) entwickelt. So wird eine belastbare Wissensgrundlage geschaffen.

3. Pilotprojekt starten

Anschließend wird ein kleiner, klar abgegrenzter Pilot, beispielsweise mit einem Experten, umgesetzt. Ziel ist, den Wissenszwilling in einem ersten Use Case nutzbar zu machen, etwa zur Einarbeitung neuer Mitarbeitender oder zur Unterstützung bei Störungen. Ein Pilot sollte nicht länger als drei Monate dauern und dabei sollten konkrete Kennzahlen wie Zeitersparnis oder Fehlerrate gemessen werden.

4. Ergebnisse bewerten und skalieren

Auf Basis der Pilot-Ergebnisse wird entschieden, ob der Ansatz ausgebaut wird. Dabei spielen sowohl der nachweisbare Nutzen als auch die Akzeptanz der Mitarbeitenden eine Rolle. Im positiven Fall folgt die Ausweitung auf weitere Bereiche und ein geregelter Betrieb mit klaren Verantwortlichkeiten.

5. Governance und Nachhaltigkeit sichern

Damit ein Wissenszwilling langfristig Wert stiftet, braucht es feste Rollen und Aufgaben für Aktualisierung sowie klare Regeln für Sicherheit, Datenschutz und Zugriffsrechte. Nur so bleibt das digitale Abbild lebendig und zuverlässig.

Dieser kompakte Fahrplan macht deutlich, dass Implementierung dann am besten gelingt, wenn sie in kleinen Schritten, mit messbaren Erfolgen und klarer Verantwortung erfolgt. Diese Darstellung ist stark vereinfacht. Häufig scheitern solche Projekte an der praktischen Realität und Themen wie fehlende Zeit, mangelnde Erfahrung mit den Themen oder Unkenntnis zu möglichen Tools. Manchmal auch ganz pragmatisch an der Angst der Personen, die einen digitalen Wissenszwilling erhalten sollen und dadurch vielleicht um ihren Expertenstatus fürchten. Zögern sie deshalb nicht, sich an der ein oder anderen Stelle externe Expertise oder Beratung in die Organisation zu holen, um die Projekte zu einem erfolgreichen Abschluss zu bringen.

KI-Agenten

4

4.1 Was sind KI-Agenten

Der Begriff „KI-Agent" klingt zunächst technisch und abstrakt. Tatsächlich lässt er sich aber einfach erklären: Ein KI-Agent ist ein digitales System, das in der Lage ist, Aufgaben selbstständig auszuführen, auf Basis von Künstlicher Intelligenz. Anders als klassische Programme, die nur eine genau vorgegebene Abfolge von Befehlen abarbeiten, können KI-Agenten ihre technische/digitale Umgebung wahrnehmen, zum Beispiel E-Mails, Live-Daten aus Systemen, Kundendaten oder Projektinformationen und diese Informationen verarbeiten. Auf Basis dieser Grundlage können sie dann eigenständig Entscheidungen treffen oder Aktionen ausführen.

Ein praktisches Bild: Stellen Sie sich einen sehr aufmerksamen digitalen Assistenten vor, der nicht nur Ihre Fragen beantwortet, sondern aktiv mitdenkt, Aufgaben für Sie erledigt und Vorschläge macht. Während ein herkömmliches Tool Ihnen etwa nur Daten anzeigt, erkennt ein KI-Agent Muster in diesen Daten, bewertet Optionen und schlägt die nächste sinnvolle Handlung vor. Auf Wunsch führt er diese teilweise sogar selbst aus.

Im Arbeitsalltag kann das viele Gesichter haben. Ein KI-Agent kann Termine koordinieren, E-Mails vorsortieren oder Informationen aus unterschiedlichen Quellen bündeln. In einer Produktionsumgebung könnte er Maschinen überwachen, Störungen vorausschauend erkennen und sofort Maßnahmen einleiten. Für ein Vertriebsteam wiederum könnte ein KI-Agent Kundendaten analysieren, Chancen identifizieren und konkrete Empfehlungen für den nächsten Schritt im Verkaufsprozess geben. Er könnte zum Beispiel direkt auf Daten im CRM-System zugreifen, automatisch Reminder erstellen und Vorschläge machen, welche Kunden

© Der/die Autor(en), exklusiv lizenziert an Springer-Verlag GmbH, DE, ein Teil von Springer Nature 2025

F. Offergelt et al., *Künstliche Intelligenz im modernen Wissensmanagement*, essentials, https://doi.org/10.1007/978-3-662-72565-8_4

wieder kontaktiert werden sollten oder diese auch direkt selbst kontaktieren (schriftlich aber, falls gewünscht auch anrufen und Gespräche führen).

Das Besondere an KI-Agenten ist ihre Fähigkeit, sich an neue Situationen anzupassen. Sie arbeiten nicht nur nach starren Regeln, sondern lernen aus den Daten, mit denen sie trainiert oder im Betrieb konfrontiert werden. Dadurch können sie auch mit Unsicherheiten umgehen und Lösungen vorschlagen, die zuvor nicht explizit programmiert waren. Gleichzeitig sind KI-Agenten keine „magischen Wesen". Sie bleiben Werkzeuge, deren Nutzen und Grenzen von den verfügbaren Daten, den klar definierten Zielen und der richtigen Integration in Prozesse abhängen. Entscheidend ist, dass sie nicht isoliert eingesetzt werden, sondern als Teil einer Umgebung, in der Menschen und Maschinen sinnvoll zusammenarbeiten.

Zusammengefasst: KI-Agenten sind digitale Helfer, die Aufgaben eigenständig ausführen, Daten intelligent nutzen und Entscheidungen vorbereiten oder sogar umsetzen können. Sie können zum Beispiel auch PowerPoints erstellen und bearbeiten, Excel-Auswertungen erledigen oder Formatierungen in Word-Dokumenten vornehmen. Für Praktiker bedeutet das: Weniger Routinearbeit, schnellere Entscheidungsprozesse und mehr Zeit für die Aufgaben, die menschliche Kreativität und Erfahrung erfordern.

4.2 Anwendungsbeispiele im Wissensmanagement: Automatisierte Wissensaufbereitung und individuelle Unterstützung

KI-Agenten zeigen dann ihren größten Nutzen im Wissensmanagement, wenn sie aus unübersichtlichen Datenbergen Klarheit schaffen oder Mitarbeitende bei der täglichen Arbeit konkret unterstützen. Zwei Beispiele verdeutlichen, wie das in der Praxis aussehen kann.

1. Automatisierte Wissensaufbereitung im Management-Reporting
Führungskräfte stehen regelmäßig vor der Herausforderung, Entscheidungen auf Basis vieler, verstreuter Informationen zu treffen. Häufig werden hierzu Quartalsberichte, Marktanalysen, interne Projektupdates und externe Studien herangezogen und in die Bewertungen mit einbezogen. Ein KI-Agent kann hier alle relevante Dokumente automatisch durchsuchen, die wichtigsten Fakten extrahieren und in einer strukturierten Übersicht, etwa als Management-Report oder Präsentation, aufbereiten. Dabei werden nicht nur Zahlen nebeneinandergestellt, sondern Trends aufgezeigt und Unterschiede hervorgehoben. Erkennt der Agent dabei Informationslücken, kann er eigenständig weitere Datenquellen durchsuchen, diese integrieren

und die Lücken schließen. Darüber hinaus ist er in der Lage, automatisch passende Grafiken und Visualisierungen zu erstellen und auf dieser Basis konkrete Empfehlungen auszusprechen. Das spart Zeit, reduziert Fehler und ermöglicht schnellere, fundierte Entscheidungen. Praktisch heißt das: Anstatt, dass ein Team mehrere Tage mit der Zusammenstellung beschäftigt ist, liegt innerhalb weniger Minuten eine erste, verlässliche und angereicherte Entscheidungsgrundlage vor.

2. Individuelle Unterstützung im Kunden- oder Projektgeschäft
Ein weiteres Szenario betrifft Mitarbeitende in Projekten oder im direkten Kundenkontakt. Hier müssen oft spontan Fragen beantwortet werden: Welche Vereinbarungen wurden mit diesem Kunden getroffen? Welche Erfahrungen gab es in ähnlichen Projekten? Welche regulatorischen Anforderungen gelten in diesem Land? Ein KI-Agent kann direkt auf CRM-Systeme, Projektdatenbanken oder Wissensspeicher zugreifen und in Sekunden Antworten liefern. Er erinnert zudem proaktiv an offene Aufgaben, etwa an Kunden, die seit längerem nicht kontaktiert wurden und schlägt passende Maßnahmen vor. In Verbindung mit einem digitalen Wissenszwilling kann er außerdem Expertenwissen auffinden und zugänglich machen, sodass auch implizite Erfahrungen aus früheren Projekten in aktuelle Entscheidungen einfließen. Für Führungskräfte bedeutet das weniger Abhängigkeit von einzelnen Personen, eine konsistentere Kundenbetreuung und deutlich weniger Zeitverlust durch Suchen und Nachfragen.

Diese Beispiele zeigen, dass KI-Agenten im Wissensmanagement nicht Spielerei sind, sondern handfeste Vorteile bringen. Sie sparen Kosten und Zeit, schaffen Transparenz und erhöhen die Qualität von Entscheidungen und Prozessen. Für Praktiker heißt das: Wer frühzeitig auf solche Agenten setzt, macht seine Organisation nicht nur effizienter, sondern auch widerstandsfähiger für die Zukunft.

4.3   Potenziale und Grenzen von KI-Agenten

KI-Agenten entfalten im Wissensmanagement ein großes Potenzial. Sie können Routineaufgaben übernehmen, komplexe Informationsmengen strukturieren und dadurch Mitarbeitende entlasten. Praktisch bedeutet das weniger Zeitaufwand für Suchen und Formatieren, schnellere Reports, automatisierte Analysen und bessere Entscheidungsgrundlagen. Auch die Qualität steigt, weil Informationen konsistenter aufbereitet werden und Fehlerquellen reduziert sind. Damit tragen KI-Agenten zu messbaren Einsparungen, höherer Effizienz und größerer Transparenz bei.

Gleichzeitig gilt es, die Grenzen realistisch einzuschätzen. Ein KI-Agent kann nur so gut arbeiten wie die Daten, auf die er Zugriff hat. Fehlen Informationen oder

Tab. 4.1 Unterschiede zwischen digitalen Wissenszwillingen und KI-Agenten

	Digitale Wissenszwilllinge	KI-Agenten
Was	Digitale Repräsentation von Wissen, Prozessen oder Personen	Autonome Systeme, die Aufgaben eigenständig ausführen
Zweck	Wissen speichern, strukturieren und verfügbar machen	Aktionen durchführen, Entscheidungen unterstützen
Fokus	Abbildung und Kontext von Wissen	Interaktion und Handeln im Systemumfeld
Beispiele	Digitaler Wissenszwilling für Mitarbeitende oder Projekte	Chatbots, Automatisierungsagenten, Assistenten
Mehrwert	Reduziert Wissensverlust, erleichtert Einarbeitung	Entlastet Mitarbeitende, steigert Effizienz

sind diese veraltet, liefert auch der Agent unvollständige Ergebnisse. Zudem ist es wichtig, dass Menschen die Vorschläge überprüfen und Verantwortung für Entscheidungen tragen. KI-Agenten unterstützen, sie ersetzen keine Erfahrung und kein Urteilsvermögen. Auch Fragen von Datenschutz, Sicherheit und Akzeptanz bei den Mitarbeitenden müssen früh berücksichtigt werden.

KI-Agenten sind leistungsfähige Werkzeuge, die im Wissensmanagement echte Vorteile bringen können. Sie sind jedoch kein Selbstläufer und entfalten ihren Nutzen nur, wenn sie mit qualitativ hochwertigen Daten versorgt, verantwortungsvoll gesteuert und sinnvoll in die Organisation eingebettet werden.

Digitale Wissenszwillinge und KI-Agenten werden oft im gleichen Atemzug genannt, erfüllen jedoch unterschiedliche Funktionen. Beide nutzen Künstliche Intelligenz, unterscheiden sich aber darin, wie sie Wissen verarbeiten und welchen Zweck sie erfüllen. Während Zwillinge vor allem Informationen und Erfahrungen digital abbilden, sind Agenten darauf ausgelegt, aktiv zu handeln und Prozesse eigenständig auszuführen. Die Übersicht in Tab. 4.1 verdeutlicht diese Unterschiede und zeigt, wie sich beide Konzepte im Wissensmanagement ergänzen.

4.4   Implementierung in der Praxis

Die Einführung von KI-Agenten im Wissensmanagement sollte pragmatisch und schrittweise erfolgen, ähnlich wie bei digitalen Wissenszwillingen. Ziel ist es, konkrete Mehrwerte schnell sichtbar zu machen, ohne sich in technischen Details zu verlieren. Für Praktiker bietet sich ein Vorgehen in klaren Etappen an (siehe Abb. 4.1).

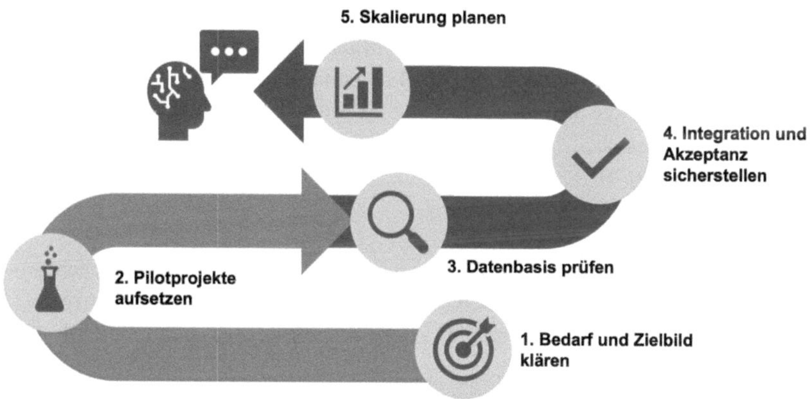

Abb. 4.1 Exemplarische Meilensteine in der Einführung von KI-Agenten

1. Bedarf und Zielbild klären

Am Anfang steht die Frage, welche Herausforderung soll gelöst werden? Geht es darum, Reports schneller zu erstellen, Informationen besser zugänglich zu machen oder Mitarbeitende von Routineaufgaben zu entlasten? Eine kurze Priorisierung nach Nutzen und Machbarkeit hilft, die richtigen Startpunkte auszuwählen.

2. Pilotprojekte aufsetzen

Statt sofort die gesamte Organisation umzustellen, empfiehlt es sich, mit einem kleinen Piloten zu starten. Ein klarer Use Case ist sinnvoll, wie etwa die Erstellung von Schulungsunterlagen, die von einem KI-Agenten automatisch strukturiert, mit Beispielen angereichert und didaktisch aufbereitet werden können. In diesem Zuge könnte ein KI-Agent beispielsweise E-Learnings für den Kundenservice entwickeln, die interaktive Elemente enthalten und den Mitarbeitenden praxisnahes Wissen vermitteln. Wichtig ist, den Pilot mit messbaren Zielen kritisch zu bewerten, z. B. Reduktion von Suchzeiten oder Verkürzung der Einarbeitungszeit im Kundenservice durch die neuen Schulungsunterlagen und E-Learnings.

3. Datenbasis prüfen

Ein KI-Agent kann nur so gut arbeiten wie die Daten, auf die er zugreifen darf. Deshalb sollten frühzeitig die wichtigsten Systeme identifiziert werden, auf die der Agent zugreifen soll (z. B. CRM, Dokumentenmanagement, Intranet, E-Mails). Auch Datenschutz- und Sicherheitsfragen gehören an dieser Stelle geklärt.

4. Integration und Akzeptanz sicherstellen

Der Agent muss dort verfügbar sein, wo die Mitarbeitenden ohnehin arbeiten, etwa in MS-Teams, Outlook oder im CRM-System. Nur dann wird er genutzt. Gleichzeitig gilt es, die Mitarbeitenden mitzunehmen und transparent zu kommunizieren, welche Aufgaben der Agent übernimmt und wo weiterhin menschliche Verantwortung gefragt ist.

5. Skalierung planen

Wenn der Pilot erfolgreich ist, kann schrittweise erweitert werden. Auf weitere Abteilungen, Prozesse oder Systeme. Wichtig bleibt, den Nutzen regelmäßig zu messen und klare Verantwortlichkeiten für Pflege und Weiterentwicklung festzulegen.

Praktische Entscheidungshilfen

Für die Praxis braucht es klare Orientierung, wie ein KI-Agenten Projekt sinnvoll aufgesetzt werden kann. Dazu gehört zunächst eine einfache Nutzen-gegen-Aufwand-Matrix, mit der Führungskräfte unterschiedliche Anwendungsfälle schnell einschätzen können. Ebenso wichtig sind konkrete Checklisten, die dabei helfen, Themen wie Datenschutz, Datenqualität und Zugriffsrechte von Anfang an zu klären. Dabei müssen auch Ressourcen berücksichtigt werden, also ob ausreichend Zeit und qualifizierte Personen verfügbar sind oder ob es geeignete Pilotteams gibt, die das Projekt tragen können. Schließlich sollten Pilotprojekte mit klaren KPIs gesteuert werden, Kennzahlen wie Zeitersparnis, Kostenreduktion oder verkürzte Einarbeitungszeiten. So entsteht Transparenz über den tatsächlichen Nutzen, und Entscheidungen lassen sich fundiert treffen, ohne in endlose Diskussionen abzurutschen.

▶   Der Einstieg in KI-Agenten ist gut umsetzbar, wenn man klein anfängt, strukturiert vorgeht und den Blick stets auf den praktischen Mehrwert richtet.

Automatisierte Workflows im Wissensmanagement

5

5.1 Was sind automatisierte Workflows?

Um dieser Frage nachzugehen, benötigen wir zuerst ein Verständnis darüber, was ein Workflow ist. Unter einem Workflow wird eine strukturierte Sequenz von logischen Schritten verstanden, die aufeinander aufbauen und in einer bestimmten Reihenfolge durchgeführt werden (van Der Aalst et al. 2003). Jeder einzelne Schritt wird dabei durch vordefinierte Regeln, Algorithmen oder gewisse Bedingungen gesteuert. Der Prozess läuft nach einem fest definierten System ab und erfolgt nicht ad-hoc oder zufällig. Weiter wird minimale manuelle Intervention angestrebt, sodass nach der Konfiguration eine selbstständiger Prozessablauf erfolgt. Damit grenzen sich solche Workflows von einmaligen Aktionen und simplen Tools ab, da es sich um durchgängige wiederholende Prozesse handelt.

Solche Workflows können sehr einfach gestaltet sein. Zum Beispiel kann die automatische Zuordnung von E-Mails eines gewissen Absenders oder mit spezifischen Schlagwörtern in ein entsprechend definiertes digitales Postfach als automatischer Workflow betrachtet werden. Solche Aufgaben lassen sich aber in der aktuellen Technologielandschaft erweitern, um so auch komplexere Abläufe abzubilden. So lässt sich neben der reinen Zuordnung in ein bestimmtes Postfach zugleich ein anderes Dokument mit einer Zusammenfassung füllen, welches in der wöchentlichen Teamagenda aufgenommen wird und alle Teilnehmenden vorab über die komplette Agenda informiert. So lassen sich automatische Workflows fast beliebig an die organisationale oder individuelle Arbeitsweise anpassen, um dadurch Ressourcen freizusetzen.

Ein entscheidender Mehrwert von automatischen Workflows ist, dass sie sich nicht auf die Grenzen eines Software-Produkts (z. B. E-Mail-Programm) beschrän-

F. Offergelt et al., *Künstliche Intelligenz im modernen Wissensmanagement*, essentials, https://doi.org/10.1007/978-3-662-72565-8_5

ken müssen, sondern vorhandene oder erstellbare Schnittstellen und Integrationen mit anderen Tools oder Programmen nutzen. Dadurch wird die manuelle Interaktion mit dem gesamten Prozess weiter reduziert. Die Erstellung und der Einsatz von automatisierten Workflows lassen sich dabei in der Regel über zwei verschiedene Ansätze realisieren. Zum einen besteht die Option über sogenannte No-Code- bzw. Low-Code-Lösungen (z. B. make.com, n8n, Power Automate, etc.) zu arbeiten. Diese haben den Vorteil, dass kaum Programmierfähigkeiten benötigt werden und es eine Art grafischen Editor zur Erstellung der Workflows gibt. Zugleich versuchen sie aber durch entsprechende Module eine hohe Flexibilität zu erhalten. Zum anderen kann man diese Workflows auch mit klassischen Programmierlösungen in unterschiedlichen Sprachen (z. B. Python) realisieren. Dafür sind dann entsprechendes Wissen und Fähigkeiten Voraussetzung, um Workflows zu erstellen und zu betreiben. Die Abhängigkeit von Dritten, zum Beispiel durch die Anbieter der No-Code- bzw. Low-Code-Lösungen ist damit gelöst.

Die Entwicklungen im Bereich der Künstlichen Intelligenz haben in diesem Zuge auch die Möglichkeiten von automatisierten Workflows erweitert. Durch die Integration von KI kann der rein regelbasierte Ansatz, auch wenn dieser potenziell bereits weitreichend und komplex war, verlassen werden und um neue elementare Fähigkeiten angereichert werden (z. B. Jeong et al. 2025). So können in diesen Abläufen unstrukturierte Daten (z. B. PDF-Dokumente, PowerPoint-Präsentation, text- oder videobasierte Kundenrezensionen etc.) inkludiert werden, wodurch die Ergebnisse aufgabenspezifischer werden. Zudem wird eine Bewertung bzw. Berücksichtigung des Kontexts von Daten für Entscheidungen berücksichtigt. Es wird daher nicht mehr nur einfache Mustererkennung herangezogen, sondern vielmehr ein inhaltliches Verständnis nachempfunden. Und mit aktuellen KI-Modellen lassen sich nicht mehr nur einzelne Aufgabenschritte unterstützen, sondern auch komplexere Denkaufgaben mit mehreren Schritten ohne klare Ergebnisvorgabe durchführen, wodurch menschliche Perspektiven ergänzt und unterstützt werden können (z. B. Wornow et al. 2024). Diese automatisierten Workflows mit KI sind zudem, je nach Konfiguration, anhand der Interaktionen und Resultate in der Lage daraus zu lernen, um die Ergebnisqualität zunehmend zu steigern.

Jetzt könnte man sich die Frage stellen, warum automatisierte Workflows mit KI gerade im Wissensmanagement von Bedeutung sind. Das liegt vor allem an der Zugänglichkeit von unstrukturierten Daten und der selbstständigen intelligenten Auseinandersetzung mit den Inhalten, ohne diese groß durch menschliche Zuarbeit aufzubereiten. Damit wird zum einen die Wissensbasis deutlich erweitert (z. B. automatische Transkripte aus Meetings, Zusammenfassungen von E-Mails, organisationsinterne Dokumente). Zum anderen nimmt die Zugänglichkeit zu diesen Informationen zu, da keine manuelle Identifikation, Aufbereitung und Verarbeitung erfolgen muss, um das benötigte Wissen zusammenzutragen (z. B. Khayatbashi et al. 2025). Meist genügt die natürliche menschliche Sprache in einem Chat, um so Wissen nutzbar zu machen. Damit sind weniger Barrieren, zum Beispiel technischer Natur, für die Anfragenden des Wissens vorhanden. Eingebettet in automatisierte Workflows sind damit praxistaugliche Entscheidungsgrundlagen oder Arbeitsgrundlagen realisierbar, die bei Bedarf genutzt werden können.

5.2 Anwendungsbeispiele im Wissensmanagement: Automatisierung vs. Assistenz: Wo KI wirklich hilft

Wenn man konkrete Anwendungsbeispiele von automatisierten Workflows näher betrachtet, kann man die Unterscheidung zwischen ohne KI als Automatisierung und mit KI als Assistenz verstehen. Folgend ein paar möglichen Anwendungsfälle, die das verdeutlichen sollen.

Automatische Workflows

Beispiel 1: Dokumentenverteilung basierend auf Dateityp und Speicherort Ein Workflow überwacht einen zentralen Upload-Ordner und verteilt eingehende Dateien automatisch basierend auf vordefinierten Regeln: PDF-Dateien mit „Vertrag" im Dateinamen werden in den Rechtsordner verschoben und das Rechtsteam per E-Mail benachrichtigt. Excel-Dateien gehen automatisch an die Finanzabteilung, PowerPoint-Präsentationen an Marketing. Zusätzlich werden automatisch Metadaten wie Upload-Datum, Dateigröße und Ersteller erfasst.

Beispiel 2: Automatische Archivierung und Erinnerungen Das System prüft täglich alle Dokumente auf ihr Erstellungsdatum und verschiebt Dateien, die älter als zwei Jahre sind, automatisch ins Archiv. Bei Dokumenten, die in 30 Tagen ablaufen, wird automatisch eine E-Mail-Erinnerung an den Ersteller gesendet. Gleichzeitig werden wöchentliche Reports über veraltete Inhalte an die Abteilungsleiter versandt.

Automatische Workflows mit KI

Beispiel 1: Intelligente Kundenanfragen-Kategorisierung und Wissensbereitstellung Eingehende Kundenanfragen per E-Mail werden von einer KI analysiert, die den Inhalt versteht und die Anfrage automatisch anhand der Problemstellung und nicht nur nach Schlagworten kategorisiert. Die KI identifiziert, ob es sich um ein technisches Problem, eine Rechnungsfrage oder eine Produktanfrage handelt, auch wenn diese nicht explizit genannt werden. Anschließend wird automatisch das passende Wissensdokument aus der Datenbank abgerufen und dem Kunden zugesandt, während komplexere Fälle an den entsprechenden Experten weitergeleitet werden.

Beispiel 2: Proaktive Wissensaktualisierung durch Trendanalyse Eine KI analysiert kontinuierlich interne Kommunikation (Chat-Verläufe, E-Mails, Meeting-Protokolle) und externe Quellen (Branchennews, Mitbewerber-Updates), um aufkommende Trends und häufig gestellte neue Fragen zu identifizieren. Wenn die KI feststellt, dass bestimmte Themen vermehrt diskutiert werden, löst sie automatisch einen Workflow aus. Sie erstellt einen Entwurf für ein neues Wissensdokument basierend auf den gesammelten Informationen, schlägt Experten für die Überprüfung vor und benachrichtigt das Wissensmanagement-Team über die identifizierte Wissenslücke.

5.3 Potenziale und Grenzen von automatisierten Workflows

Durch das Verlassen von rein regelbasierten Workflows lassen sich verschiedene Potenziale erschließen. Intelligente Inhaltsverarbeitung ist eines davon. Mit der Erschließung von unstrukturierten Daten in Kombination mit einem inhaltlichen Verständnis können Themen und Konzepte zusammenhängend dargestellt und zentrale Informationen bereitgestellt werden. In Folge ermöglicht dies auch die kontextuelle Unterstützung von Entscheidungsprozessen. Es kann eine Relevanzbeurteilung erfolgen, welche die Prioritäten und Dringlichkeiten für unterschiedliche Nutzergruppen versteht, um so das Wissensmanagement und die Wissensnutzung unmittelbar zu verbessern. Weiter ist Künstliche Intelligenz dazu in der Lage, Muster zu erkennen und Vorhersagen zu treffen. Welches Wissen als nächsten benötigt wird, welches bereits veraltet ist oder redundant vorliegt. So lassen sich neben dem Wissensbedarf auch Wissenslücken identifizieren. Im Allgemeinen lässt sich damit auch die Wissensbasis an sich stärken, da Redundanzen im organisatorischen Arbeitsalltag sich häufig auch als Wissenssilos ausprägen. Mittels KI gestützter automatischer Workflows wird auch eine personalisierte Empfehlung von relevantem oder benötigtem Wissen aufgezeigt. Wodurch der Mehrwert für die Nutzung bei Arbeitsprozessen steigt. Es gibt sicher noch weitere Potenziale, aber im Rahmen dieses Essentials ist als letztes die Interaktion mittels natürlicher Sprache zu nennen. Werden die Workflows mit Chat-ähnlichen Oberflächen versehen, verbessert sich dadurch die Zugänglichkeit zu Wissen, da keine weiteren technischen Fähigkeiten benötigt werden, um relevantes Wissen zu identifizieren und wirksam einzusetzen.

Neben den Potenzialen stoßen automatisierte Workflows mit KI im Wissensmanagement in der praktischen Umsetzung auf verschiedene Grenzen. Bereits die Workflow-Erstellung erfordert Ressourcen in Form von Fachwissen, Zeit und qualitativ hochwertigen Daten. Darüber hinaus ist eine kontinuierliche Wartung und Optimierung notwendig, da verwendete KI-Modelle, Schnittstellen oder Wissensressourcen regelmäßig überwacht, aktualisiert und an veränderte Rahmenbedingungen angepasst werden müssen. Auch die Kosten sind ein wesentlicher Faktor, insbesondere für Infrastruktur, Lizenzen und spezialisiertes Personal. Im Hinblick auf den Datenschutz ist sicherzustellen, dass sensible Informationen geschützt und regulatorische, gesetzliche und organisationseigene Vorgaben eingehalten werden. Ergänzend dazu stellt die Governance eine zentrale Herausforderung dar, da klare Verantwortlichkeiten, Transparenz und Nachvollziehbarkeit von Prozessen gewährleistet sein müssen. Schließlich bestehen auch inhaltliche Grenzen. In kritischen Entscheidungsprozessen, ethisch sensiblen Bereichen sowie bei der Qualitätskontrolle bleibt menschliches Urteilsvermögen bisher unabdingbar.

Bei der Verwendung von KI im Generellen, aber vor allem bei automatisierten Workflows ist dabei zu bedenken, dass eine unreflektierte Nutzung kritisch, die Interaktion hingegen als positiv zu bewerten ist. So kann die Fähigkeit zum kritischen Denken abnehmen (Gerlich 2025), zwar der Eindruck des Verstehens aufkommen, ohne aber dabei etwas zu lernen (Messeri und Crockett 2024) und die Heterogenität der Mensch-KI-Synergie bzw. Augmentation verkannt werden (Vaccaro et al. 2024), wodurch letztendlich suboptimale Systeme und Prozesse für die bestimmten Anwendungsfälle entstehen. Für viele Organisationen stellen diese Fähigkeiten aber essenzielle Bestandteile ihrer Zukunftsfähigkeit dar, um mit ihrem Produkt oder Dienstleistung auch zukünftig einen Mehrwert zu stiften.

5.4   Implementierung in der Praxis: Integration in bestehende Prozesse und Systeme

Damit automatisierte Workflows mit KI im organisationalen Wissensmanagement etabliert werden können, braucht es gewisse Voraussetzungen und Rahmenbedingungen. Da diese sehr stark von dem Zweck und der angedachten Nutzung des Workflows sowie den organisationalen Prozessen, Strukturen und Systeme abhängen, ist eine detaillierte Ausarbeitung an der Stelle nicht hilfreich. Dennoch ist

Tab. 5.1 Übersicht zur Einführung von automatisierten Workflows mit zentralen Aufgaben und Impulsen

Thema	Kernaussagen	Impuls
Bewertung und Bereitschaft	- Analyse von Reifegrad, Datenqualität und Infrastruktur - Fokus auf konkrete Anwendungsfälle - Finanzplanung sicherstellen	Klare Bewertungskriterien und Erwartungshaltungen formulieren
Technologieauswahl und Integration	- Investition in Datenqualität (Bereinigung, Standardisierung, Governance) - Schrittweise Einführung über Pilotprojekte - Sicherstellung der Kompatibilität mit bestehenden Systemen	Pilotprojekte als Testumgebung vor unternehmensweiter Skalierung
Governance und Risikomanagement	- Ethische Leitlinien, Datenschutz, Compliance - Menschliche Kontrollmechanismen - Feedbackschleifen für kontinuierliche Verbesserung	Governance-Rahmenwerke für KI einführen
Change Management und Schulung	- Engagement der Führungsebene wichtig - Schulungen für technische und fachliche Kompetenzen - Förderung einer offenen, kollaborativen Kultur	Betroffene der Veränderung früh einbinden und die Kommunikation in der Organisation aktiv vorantreiben
Experimente	- Proof of Concept durch schnelle und einfache Prototypen - Iterative Verbesserung um die KI-Performance langfristig zu steigern - Funktionsübergreifende Zusammenarbeit (IT, Fachexperten, Verantwortlichen) um erfolgreiche Implementierung zu fördern	Erfahrung in der Erstellung, Nutzung und Umgang ist für die langfristige Integration von automatisierten Workflows mit KI an sich wertvoll

eine Auseinandersetzung mit generellen relevanten Perspektiven für die praktische Umsetzung hilfreich. Tab. 5.1 soll einen kurzen Überblick mit Impulsen bieten.

Praktische Entscheidungshilfe

Wo können im Wissensmanagement jetzt solche automatisierten Workflows mit KI in der Praxis möglichst schnell einen Mehrwert liefern? Vereinfacht kann das auf folgendes reduziert werden: Immer dort, wo unstrukturierte Daten verwendet werden. Im Rahmen dieses Essentials wollen wir noch ein paar Ausgangspunkte mitgeben, die Ihnen hoffentlich in der Praxis den Einstieg erleichtern. Zum einen welche Prozesse sich gut eignen und zum anderen welche Tools für den Einstieg hilfreich sein können.

Prozesse die sich gut für automatisierte Workflows mit KI eigenen

- Dokumentenintensive Prozesse: Automatisierung von Klassifizierung, Zusammenfassungen und Informationsextraktion aus (großen) Dokumentbeständen.
- Optimierung des internen und externen Kundensupports: Einsatz von KI-Chatbots und Empfehlungssystemen, um Reaktionszeiten zu verkürzen und die Genauigkeit zu erhöhen.
- Content-Erstellung: Einbindung von automatisierten Workflows mit KI zur ersten Erstellung von Content-Entwürfen wie externen oder internen Blog-Posts, Newsletter-Beiträgen oder visuellen Elementen.

Tools die sich gut für die Erstellung von automatisierten Workflows mit KI eigenen

- n8n: Open-Source-Plattform zur Automatisierung von Workflows mit grafischer Oberfläche durch No-Code bzw. Low-Code zur Modellierung von Geschäftsprozessen und der Integration in bestehende Systeme (ähnlich wie make.com).
- make.com: No-Code-Automatisierungsplattform, um verschiedene Apps und Dienste miteinander zu verbinden, um Geschäftsprozesse und wiederkehrende Aufgaben zu automatisieren (ähnliche wie n8n).
- Power Automate mit AI Builder: Microsoft Lösungen zur Automatisierung von Geschäftsprozessen mittels einfacher Oberflächen mit integrierten Process Mining, Sicherheits-, Governance- und Überwachungslösungen.

Datenbasis und Datenqualität für KI im Wissensmanagement

6

6.1 Welche Daten braucht es?

Wenn man über KI im Wissensmanagement nachdenken möchte, muss man sich im gleichen Zuge auch mit den dafür benötigten Daten auseinandersetzen. Aus unserer Sicht ist das ein zentraler Schritt, um in Organisationen den Mehrwert durch KI nutzbar zu machen. Das ist unabhängig davon, ob eigene Modelle entwickelt werden sollen, bestehende, öffentlich zugängliche genutzt (z. B. Northflank, HuggingFace etc.) oder ganz auf kommerzielle Ansätze (z. B. ChatGPT, Claude etc.) gesetzt wird. Je nach Anwendungsfall lassen sich Risiken, wie das fälschliche Erfinden von Informationen, was als Halluzinieren bekannt ist, minimieren. Oder Potenziale weiter steigern, indem die Nützlichkeit durch eine bessere Nachvollziehbarkeit der Informationen erhöht wird.

Hier eine kompakte Übersicht (Tab. 6.1) verschiedener relevanter Datenkategorien mit Beispielen.

Die bisher aufgezeigten Daten befassen sich vor allem mit der Entwicklung von KI-Modellen, wobei hier zunehmend auch die Abgrenzung zum Betrieb verschwimmt, da zum Beispiel RAG-Systeme (retrieval-augmented generation) KI-Modellen spezifische Daten (z. B. Dokumentvorlagen, Korrespondenzen, etc.) zur Verfügung stellen, um die Relevanz und Genauigkeit der Ergebnisse zu verbessern. Dennoch fallen auch im Betrieb neben den Nutzerdaten, die Prompts (Anweisung an das KI-Modell) und natürlich auch die Ergebnisse bzw. der Output der Modelle selbst an Daten an. Zudem sind Daten bezüglich der Modelle selbst sowie der Verwendung und der Performance zu berücksichtigen. Eine gute Übersicht liefert hier die Taxonomie des Open Data Institute (Hardinges und Simperl 2024).

Tab. 6.1 Übersicht relevanter Datenkategorien im Kontext von KI mit Beispielen

Strukturierte Daten	Unstrukturierte Daten
Kundendaten, Transaktionshistorien, Finanzdaten, Verkaufszahlen, Lagerbestände, Betriebskennzahlen, Mitarbeiterdaten, Leistungskennzahlen, Planungsinformationen, Sensordaten	Textdokumente, E-Mails, Verträge, Berichte, Kundenbewertungen, Social-Media-Inhalte, Support-Tickets, Bilder, Videos, Audioaufzeichnungen, Webinhalte, Forschungsarbeiten und Wissensdatenbanken
Echtzeit Daten	**Trainings- und Referenzdaten**
Live-Sensor-Daten von Geräten oder Umweltüberwachungssystemen, Website-Klickströme, Daten zum Nutzerverhalten Finanzmarktdaten, Handelsinformationen, Kommunikationsprotokolle, Netzwerkverkehr, System- und Anlagendaten im laufenden Betrieb	Historische Datensätze, die zum Trainieren von Machine-Learning-Modellen verwendet werden, Benchmark-Datensätze für Tests und Validierungen, Externe Datenquellen, öffentliche Datensätze, Synthetische oder erweiterte Daten zur Modellverbesserung
Sensible und regulierte Daten	
Personenbezogene Daten, Kundendaten, Gesundheitsdaten, Finanzinformationen, Geistiges Eigentum und Geschäftsgeheimnisse, Daten, die Compliance-Anforderungen unterliegen (DSGVO, GDPR usw.)	

Weitere Überlegungen für den Einsatz im Wissensmanagement, aber auch darüber hinaus, sollten sich auf die Güte der Daten richten. So sind für die erfolgreiche Anwendung Genauigkeit, Vollständigkeit und Konsistenz über verschiedene Datenquellen hinweg entscheidend für die Qualität der Ergebnisse. Sollte das Vorhaben die eigene Entwicklung eines KI-Modells beinhalten, dann ist darauf zu achten, dass genügend Daten in Abhängigkeit der angestrebten Modellparameter mit hinreichender Diversität vorhanden sind, um beim Modell-Training und der Modell-Performance Schwierigkeiten zu vermeiden.

Ohne an der Stelle zu technisch werden zu wollen, gilt es neben den reinen Daten auch die entsprechende Dateninfrastruktur zu schaffen. In modernen Organisationen bedeutet das häufig eine Kombination aus On-Premise (Daten auf lokalen Servern oder Computern) und Multi-Cloud-Umgebungen (Daten bei verschiedenen Cloud-Diensten), welche Flexibilität ermöglichen, ohne die Kontrolle über sensible Daten zu verlieren. Dafür ist es ratsam, dass zum einen Batch-Processing (Verarbeitung großer Datenmengen, wenn genügend Ressourcen vorhanden sind) und zum anderen auch Echtzeit-Datenstreaming möglich ist. Es bedarf gute Prozesse, um die Bereitstellung von Daten und deren Transformation über verschiedene Systeme hinweg sicherzustellen (z. B. ETL/ELT pipelines). Gerade im Wissensmanagement soll dadurch sichergestellt werden, dass das Wissen an allen Orten, an denen es abgerufen oder verarbeitet wird, konsistent, korrekt und richtig ist. Sonst werden die Ergebnisse von KI-Modellen, auch wenn exakt das gleiche verwendet wird, unterschiedlich ausfallen und damit die Belastbarkeit der Ergebnisse und deren Vertrauenswürdigkeit gefährdet.

6.2 Vorgehen zur Identifizierung von relevanten Daten

Die meisten KI-basierten Tools im Wissensmanagement greifen auf Daten und Informationen zu, die im jeweiligen Unternehmen bereits vorherrschen. Damit stellt sich die Herausforderung, dass die Qualität der Ergebnisse unmittelbar von der Qualität der Eingangsdaten abhängt. Dies ist ein klassisches „Shit in, shit out"-Problem. Um dies zu vermeiden, müssen Unternehmen im Vorfeld gezielte Vorarbeit leisten. Daten müssen konsolidiert, bereinigt und strukturiert werden, damit KI-Systeme ihr Potenzial im Wissensmanagement voll entfalten können. Mögliche (gedankliche) Schritte im Beratungsprozess mit Unternehmen sind beispielsweise:

1. Bestandsaufnahme & Dateninventur

- Welche Datenquellen existieren (Dokumente, E-Mails, Wikis, Datenbanken, Kollaborationstools)?
- Welche Informationen sind für unseren Wissensmanagementprozesse wirklich entscheidend?
- Wo gibt es Redundanzen und veraltete Daten?

2. Datenbereinigung & -konsolidierung

- Gleiche oder ähnliche Inhalte zusammenführen
- Konsistenz sicherstellen, etwa in Formaten oder Namen
- Fehlerhafte, irrelevante oder veraltete Daten entfernen

3. Strukturierung der Daten

- Einheitliche Taxonomien und Begriffe entwickeln (z. B. Schlagworte, Kategorien, Fachbegriffe)

- Kontextinformationen hinzufügen, um KI-Systemen semantisches Verständnis zu erleichtern
- Sicherstellen, dass Daten sowohl maschinenlesbar als auch menschenverständlich sind

4. Sicherheits- und Zugriffsregeln definieren

- Daten klassifizieren (sensibel vs. allgemein zugänglich)
- Zugriffskontrollen und Rollenmodelle für Mitarbeitende einrichten
- DSGVO und weitere regulatorische Anforderungen im Unternehmen beachten

Ein zentraler Schritt bei der Einführung von KI im Wissensmanagement ist die Pilotierung. Anstatt das System sofort unternehmensweit auszurollen, empfiehlt es sich, mit einem klar abgegrenzten Datenbereich zu beginnen, etwa einem einzelnen Fachbereich oder einem spezifischen Projekt. In dieser kontrollierten Umgebung können die KI-Lösungen getestet und erste Erfahrungen gesammelt werden. Besonders wichtig ist dabei das Feedback der Nutzerinnen und Nutzer, da es wertvolle Hinweise auf die Praxistauglichkeit, die Verständlichkeit der Ergebnisse und mögliche Stolpersteine im Alltag liefert. Auf dieser Basis lassen sich sowohl die Datenqualität als auch die eingesetzten Prozesse und Modelle iterativ verbessern, bevor das System in größerem Maßstab eingeführt wird.

6.3 Grenzen und Risiken der Datennutzung für KI im Wissensmanagement

Die Nutzung von Daten für KI im Wissensmanagement unterliegt verschiedenen kritischen Beschränkungen, die ihre Effektivität erheblich beeinträchtigen können. Die Qualität und Richtigkeit der Eingangsdaten sind von entscheidender Bedeutung, da fehlerhafte, unvollständige oder veraltete Informationen zu systematischen Fehlern im gesamten System führen. KI-Modelle verstärken oft vorhandene Datenprobleme und können mit großer Sicherheit falsche Informationen präsentieren. Zusätzlich begrenzen die Kontextfenster aktueller Modelle die gleichzeitige Verarbeitung großer Datenmengen, was zu fragmentierten Erkenntnissen führt. Sprachliche Barrieren entstehen durch eine ungleichmäßige Modellleistung in verschiedenen Sprachen, wobei weniger verbreitete Sprachen oder fachspezifische Terminologien oft unterrepräsentiert sind.

Weitere erhebliche Risiken ergeben sich aus systematischen Verzerrungen (Bias) in den Trainingsdaten. Diese können bestehende Ungleichheiten verstärken und wichtige Perspektiven ausschließen. Dadurch können innovative Ansätze oder relevante Erkenntnisse übersehen werden. Schließlich stellt die DSGVO strenge rechtliche Anforderungen an die Verarbeitung personenbezogener Daten, die den Einsatz von KI erheblich einschränken können. Organisationen müssen komplexe Compliance-Anforderungen erfüllen, Betroffenenrechte gewährleisten und oft aufwändige Anonymisierungs- oder Pseudonymisierungsverfahren implementieren. Das erschwert die praktische Nutzung von Wissensdaten für KI-Anwendungen.

Zukunftsblick: Warum es immer Menschen brauchen wird

7.1 Die Rolle von Menschen im Wissensmanagement

Trotz aller technologischen Fortschritte bleibt der Mensch ein unverzichtbarer Faktor beim Einsatz von KI im Wissensmanagement. Erstens bedarf es der Akzeptanz durch die Nutzerinnen und Nutzer, damit Systeme tatsächlich angenommen und in Arbeitsprozesse integriert werden. Zweitens müssen Menschen bereit sein, die Systeme mit qualitativ hochwertigen Daten zu füttern und damit deren Leistungsfähigkeit aktiv zu unterstützen. Drittens stellen Menschen selbst eine zentrale Datenquelle dar. Ohne ihren Input verliert KI schnell an Relevanz und Qualität. So zeigt sich, dass die Leistungsfähigkeit von KI-Modellen rapide sinkt, wenn überwiegend KI-generierte Inhalte für deren Training genutzt werden (KI-Autophagie oder Model Collapse, siehe Shumailov et al. 2024).

7.2 Faktor Mensch 1: Akzeptanz von KI im Wissensmanagement

Wenn KI-gestützte Wissenssysteme nicht akzeptiert und damit genutzt werden, verlieren sie ihren Wert. In der Fülle neuer und vermeintlich spannender Tools besteht die Gefahr, dass dieser Aspekt übersehen wird. Besonders relevant ist dies, da in vielen Unternehmen bereits eine gewisse Abneigung gegenüber neuen Anwendungen vorhanden ist. Aus diesem Grund muss Akzeptanz gezielt adressiert und gefördert werden. Wer ein Tool einführt, sollte ebenso viel Aufmerksamkeit in seine Akzeptanz investieren wie in die technische Implementierung. Forschung zeigt, dass die Akzeptanz von KI im Wissensmanagement maßgeblich von Fakto-

F. Offergelt et al., *Künstliche Intelligenz im modernen Wissensmanagement*, essentials, https://doi.org/10.1007/978-3-662-72565-8_7

ren wie der wahrgenommenen Nützlichkeit, dem Vertrauen in die Ergebnisse und der Unterstützung durch das Management abhängt. Darüber hinaus schätzen Führungskräfte das Potenzial von KI deutlich positiver ein, während Mitarbeitende stärker auf Transparenz und Nachvollziehbarkeit angewiesen sind, um Vertrauen zu entwickeln (Nakash und Bolisani 2025). Damit Mitarbeitende den Mehrwert eines KI-gestützten Wissenssystems erkennen, braucht es also konkrete Anwendungsbeispiele und spürbare Entlastungen im Arbeitsalltag. Darüber hinaus müssen Nutzerinnen und Nutzer die Funktionsweise und Zuverlässigkeit der Systeme nachvollziehen können. Hieraus ergeben sich zwei zentrale Handlungsempfehlungen:

1. Nützlichkeit verdeutlichen

- Einführen in Bereichen, in denen schnell sichtbare Verbesserungen (z. B. Zeitersparnis bei der Informationssuche) erzielt werden: **Pilotprojekte mit Quick Wins.**
- KI sollte dort unterstützen, wo Mitarbeitende ohnehin arbeiten (z. B. in Kollaborationstools), statt zusätzliche Plattformen zu schaffen: **Integration in bestehende Prozesse.**
- Trainings, die zeigen, wie sich durch KI Routinen vereinfachen und bessere Entscheidungen treffen lassen: **Schulungen mit Praxisbezug.**
- Regelmäßig aufzeigen, welche konkreten Effekte (Zeitgewinn, Fehlerreduktion, schnellere Wissensbereitstellung) bereits erreicht wurden: **Transparente Nutzenkommunikation.**

2. Vertrauen in die Ergebnisse stärken

- Anzeigen, auf welcher Datenbasis eine Antwort beruht (z. B. Quellenangaben, Dokumentenverweise): **Erklärbare Ergebnisse.**
- Implementieren von Validierungsmechanismen, die fehlerhafte oder unsichere Antworten markieren: **Qualitäts- und Plausibilitätsprüfungen.**
- Nutzende können Ergebnisse bewerten oder korrigieren, wodurch das System verbessert wird: **Feedbackschleifen einrichten.**
- Frühzeitig klarstellen, was die KI leisten kann und was nicht. So lassen sich überhöhte Erwartungen vermeiden und Enttäuschungen vorbeugen: **Erwartungsmanagement.**

7.3   Faktor Mensch 2: Weitergabe von Wissen an KI

Damit KI-basierte Wissenssysteme zuverlässig, kontextgemäß und langfristig nutzbar bleiben, ist der bewusste und methodisch saubere Input von menschlichem Wissen unerlässlich. Nur wenn Expertinnen und Experten bereit sind, ihr Wissen aktiv einzubringen, kann KI qualitativ hochwertige Ergebnisse liefern. In der Praxis bedeutet das zunächst, gezielte Wissensabfragen einzusetzen: strukturierte Interviews, Workshops oder Delphi-Runden helfen, sowohl explizites Wissen (z. B. Prozesse, Richtlinien) als auch implizites Wissen (Erfahrungen, Routinen) systematisch zu erfassen. Ergänzend bedarf es einer moderierten Wissensarbeit, bei der Fachexpertinnen und -experten KI-Trainingsrunden begleiten und die Qualität sowie Relevanz der Daten kontinuierlich prüfen. Wie Rezaei et al. (2024) zeigen, müssen auch ethische Fragen von Datenschutz, Fairness und Verantwortlichkeit klart adressiert werden, damit Mitarbeitende bereit sind, ihr Wissen tatsächlich preiszugeben. Um die Weitergabe von Wissen an KI-Tools bestmöglich zu fördern, schlagen wir eine 3-Schritte-Logik vor, siehe Abb. 7.1.

Damit KI-Systeme im Wissensmanagement zuverlässig arbeiten, braucht es ein methodisch strukturiertes Vorgehen: Zunächst gilt es, relevantes Expertenwissen zu erheben, etwa durch Interviews, Workshops oder digitale Abfragen, um explizite wie implizite Kenntnisse zugänglich zu machen. Anschließend muss dieses Wissen durch Moderation und Qualitätssicherung geprüft und kontextgerecht eingeordnet werden, etwa durch Peer-Reviews oder Validierungsschleifen. Schließlich ist eine ethische Rahmung notwendig, die durch Datenschutz, Transparenz und Erklärbarkeit Vertrauen schafft und Mitarbeitende motiviert, ihr Wissen nachhaltig einzubringen.

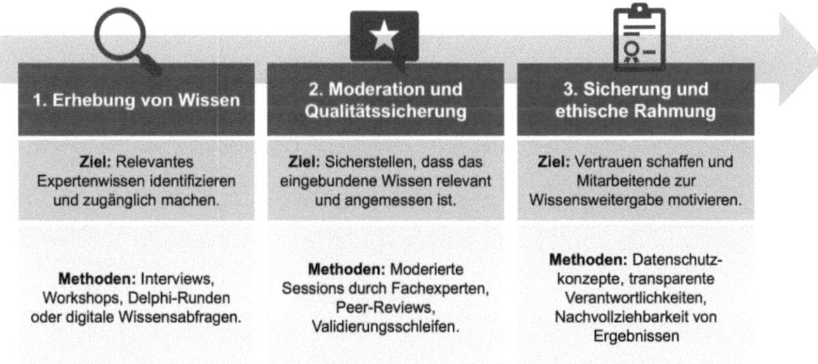

Abb. 7.1 3-Schritte-Logik zur Förderung der Wissensweitergabe an KI-Tools

7.4   Faktor Mensch 3: Menschliche Daten für das Training

Ein zentrales Risiko für die Leistungsfähigkeit von KI-Systemen liegt in der sogenannten „Autophagie", also dem Umstand, dass Modelle zunehmend mit von KI selbst erzeugten Inhalten trainiert werden. Der nachhaltige Betrieb KI-basierter Wissenssysteme hängt daher entscheidend von menschlichen, kontextreichen Daten ab. Xing et al. (2025) beschreiben, dass „the widespread and unregulated dissemination of synthetic data online leads to the contamination of datasets" (S. 172), Modelle also zunehmend ihren eigenen Output konsumieren. Dies führt zu einer schleichenden Abnahme von Leistungsfähigkeit und Zuverlässigkeit. Ähnlich beschreiben Shumailov et al. (2024) dieses Risiko mit dem Phänomen des „model collapse". Modelle, die wiederholt mit ihren eigenen Ausgaben trainiert werden, verlieren nach und nach an Genauigkeit und Vielfalt. In diesem Zusammenhang betont das Forschungsteam, dass „the value of data collected about genuine human interactions with systems will be increasingly valuable in the presence of LLM-generated content in data crawled from the Internet" (S. 755).

Für das Wissensmanagement bedeutet dies: Menschlicher Input bleibt die zentrale Qualitätsgrundlage. Nur wenn Organisationen konsequent auf authentische, von Menschen bereitgestellte Daten setzen und KI-generierte Inhalte klar kennzeichnen sowie filtern, können Wissenssysteme dauerhaft verlässlich funktionieren und ihren vollen Nutzen entfalten. Das schließt explizites Wissen ebenso ein wie implizites (tacit knowledge), das in Erfahrungen, Interaktionen und gelebter Praxis verankert ist. Gerade dieses Erfahrungswissen ist für nachhaltige Lern- und Innovationsprozesse unverzichtbar und kann von KI allein nicht ersetzt werden.

Fazit 8

Dieses essential zeigt, warum Wissensmanagement ein zukunftsentscheidender Faktor ist, in Zukunft weiter an Bedeutung gewinnen wird und wie Künstliche Intelligenz Organisationen dabei helfen kann, diesen Faktor gewinnbringend einzusetzen. Die Kernaussage lautet: KI ersetzt Menschen nicht, sie macht Wissen aber sichtbarer, zugänglicher und in einem Maße skalierbar, wie es in der Vergangenheit nicht möglich oder vielleicht denkbar war. Das eröffnet Potenziale für bessere Entscheidungen, höheres Arbeitstempo sowie verbesserte Ergebnisqualität und Wirkung. Organisationen, die Wissen KI-unterstützt oder sogar KI-gesteuert systematisch erfassen, bearbeiten und nutzen, reduzieren Fehler und bleiben trotz Fachkräftemangel und fortschreitenden demografischen Wandel handlungsfähig.

Wichtigste Erkenntnisse in der Übersicht:

1. *Relevanz.* Wissen ist die zentrale Ressource moderner Organisationen. Demografischer Wandel, Fachkräftemangen und steigende Komplexitäten erhöhen den Druck, vorhandenes Wissen besser zu sichern und nutzbar zu machen.
2. *KI wirkt im Wissensmanagement als Beschleuniger.* Künstliche Intelligenz strukturiert Inhalte, verbindet Quellen und unterstützt Entscheidungen. Durch neueste Tools wird sie zudem immer einfacher nutzbar und kann über verschiedene Medien und Endgeräte hinweg eingesetzt werden. Damit wird der Zugriff auf Wissen deutlich vereinfacht. Richtig eingebettet entsteht messbarer

F. Offergelt et al., *Künstliche Intelligenz im modernen Wissensmanagement*, essentials, https://doi.org/10.1007/978-3-662-72565-8_8

Nutzen, etwa durch geringere Suchzeiten, schnellere Einarbeitung und erhöhte Arbeitsqualität.

3. *Drei Bausteine.* Digitale Wissenszwillinge bilden individuelles und organisationales Wissen als „lebendiges" Abbild ab. KI-Agenten setzen dieses Wissen im Alltag um, bereiten Informationen auf, schließen Lücken und stoßen Handlungen an. Automatisierte Workflows verbinden beides mit Prozessen und sorgen für Verlässlichkeit im Betrieb.

4. *Daten und Governance.* Ohne gute Daten keine guten Ergebnisse. Datenqualität, Sicherheit, Rechte und Herkunft müssen geklärt sein. Transparente Regeln und Verantwortlichkeiten sichern Vertrauen und Langfristigkeit.

5. *Faktor Mensch.* Akzeptanz, Vertrauen und Kompetenzen entscheiden über den Erfolg. KI unterstützt, aber Urteilsvermögen, Kreativität und Verantwortung bleiben menschliche Hauptaufgaben. Gerade in der Implementierung und Nutzung sind Menschen der entscheidende Faktor. Sie müssen die Systeme verstehen, den richtigen Kontext setzen und Ergebnisse kritisch einordnen. Erst durch diese aktive Rolle wird die Technologie wirksam, und nur so entsteht ein Zusammenspiel, das Vertrauen schafft und nachhaltigen Nutzen bringt.

6. *Pragmatische Umsetzung.* Erfolg entsteht durch kleine Pilotvorhaben mit klaren Kennzahlen, anschließendes Skalieren und eine schrittweise Verankerung in Prozessen. Dieses essential liefert dafür Entscheidungshilfen wie Nutzen gegen Aufwand, Rollen und KPIs. Anbieterempfehlungen waren bewusst nicht Ziel der Darstellung.

Schlussfolgerungen für die Praxis

Wert im Wissensmanagement entsteht dort, wo Wissen tatsächlich im Arbeitsalltag wirksam wird. Organisationen sollten deshalb bei alltäglichen Problemen ansetzen, ob beim Onboarding neuer Mitarbeitender, bei der Störungsbehebung in Produktionsprozessen, beim Reporting für das Management oder in der Kundenkommunikation. Gerade hier zeigen sich die unmittelbaren Vorteile, wenn Wissen schnell, verlässlich und kontextgerecht verfügbar ist. Zentrales Kriterium ist dabei, in Anwendungsfällen zu denken und nicht in Tools. Es ist wenig hilfreich, sofort über konkrete Softwarelösungen zu diskutieren. Entscheidend ist vielmehr, greifbare Use Cases auszuwählen, klare Ziele zu definieren und die Effekte messbar zu machen. Erst dann kann die Wahl der Technologie erfolgen, abgestimmt auf die tatsächlichen Bedarfe der Organisation. Ein weiterer wichtiger Punkt ist die sinnvolle Kombination neuen Technologien wie etwa Wissenszwillingen, KI-Agenten und Workflows. Der digitale Zwilling macht Wissen sichtbar und nachvollziehbar, der Agent bringt es aktiv in die Anwendung und sorgt dafür, dass Mitarbeitende entlastet werden, während Workflows für eine gleichbleibende Qualität in den Abläufen sorgen. Zusammen ergibt sich ein System, das deutlich mehr leisten kann als die Summe seiner Teile. Darüber hinaus ist die Sicherung von Datenqualität und Rechten eine Grundvoraussetzung. Nur mit klaren Zuständigkeiten, verlässlichen Pflegeprozessen und nachvollziehbaren Quellen entsteht Vertrauen. Ohne diese Basis wird jeder Versuch, KI im Wissensmanagement erfolgreich einzusetzen, scheitern.

Schließlich bleibt die Erkenntnis, dass der Mensch auch weiterhin ein zentrale Erfolgsfaktor bleiben wird. Es reicht nicht, einfach nur Technologien einzuführen. Die Menschen müssen den Nutzen verstehen, geschult werden und das Vertrauen entwickeln, die Systeme sinnvoll einzusetzen. Menschen dürfen nicht die Angst haben, ersetzt zu werden und das müssen sie auch nicht. Kommunikation, Weiterbildung und die klare Verantwortung für Rollen und Entscheidungen sind dabei unverzichtbar.

Offene Fragen und Grenzen

Trotz aller Potenziale bleiben offene Punkte und Grenzen bestehen, die kritisch reflektiert werden müssen. Ein zentrales Thema ist die Messbarkeit und Vergleichbarkeit. Wie lassen sich Nutzenbeiträge dauerhaft und bereichsübergreifend erfassen und welche Kennzahlen oder Benchmarks sind dafür geeignet? Hier besteht deutlicher Forschungsbedarf, da bislang keine allgemein akzeptierten Modelle oder Kennzahlensets etabliert sind. Ein zweites Feld betrifft die Erfassung impliziten Wissens. Heute lässt sich noch lange nicht alles Erfahrungswissen vollständig dokumentieren und erheben. Es bleibt unklar, wie weit KI hier in Zukunft helfen kann, diese schwer greifbaren Anteile, die nur in den Köpfen der Menschen stecken, zu externalisieren. Der Anspruch implizites Wissen zu erheben, muss realistisch bleiben, während die Erhebung kontinuierlich erfolgen sollte. Auch Governance und Ethik sind nicht abschließend geklärt. Transparenz, Nachvollziehbarkeit und die faire Nutzung von Daten sind Grundvoraussetzungen, doch viele Organisationen verfügen noch nicht über klare Leitlinien für den Umgang mit KI, nicht nur im Wissenskontext. Hinzu kommt die Frage der langfristigen Pflege und Kosten. Wissenszwillinge und Agenten sind keine Einmalprojekte, sondern erfordern dauerhafte Ressourcen und Verantwortlichkeiten. Komplexität und Abhängigkeiten stellen eine weitere Grenze dar, da die Integration in bestehende Systeme sowie die Rechteverwaltung diszipliniertes Vorgehen erfordern.

Aus wirtschaftspsychologischer Sicht ergeben sich zudem spannende Fragen: Wie beeinflusst der Einsatz von KI-Agenten und Wissenszwillingen das Vertrauen von Mitarbeitenden in Führungskräfte und Organisationen? Und wie verändert sich die Motivation, Wissen zu teilen, wenn digitale Abbilder und Agenten das

Wissen skalierbar machen? Solche Fragen sind bislang kaum untersucht und eröffnen wichtige Perspektiven für Forschung und Praxis.

Ausblick

Der Weg zu einem belastbaren, KI gestützten Wissensmanagement ist für Organisationen jeder Größe machbar. Entscheidend ist ein realistisch eingeschätzter Startpunkt, das konsequente Lernen aus Piloten und ein klares Zusammenspiel von Menschen, Daten und Technologie. Wer dies beherzigt, legt die Grundlage für eine Wissenskultur und Struktur, die schneller lernt, besser entscheidet und Wissen als strategische Ressource nutzt. Unsere Empfehlung lautet ganz klar: Warten Sie nicht zu lange ab, springen Sie auf den „KI-Zug" auf, bevor Sie durch Wettbewerber abgehängt werden. Die Kosten sind gering und die möglichen Up-Side Potenziale groß. Wenn Sie sich unsicher sind, holen Sie sich Unterstützung, aber verpassen Sie nicht die vielleicht nächste organisationale Revolution.

„Ein Überfluss an Informationen erzeugt eine Armut an Aufmerksamkeit – und die Notwendigkeit, diese Aufmerksamkeit effizient zuzuteilen."

Diese Worte von Herbert A. Simon (1971, S. 40–41) setzen den idealen Schlussgedanke zu diesem essential. Nicht nur die reine Datenmenge, sondern gelenkte Aufmerksamkeit, rechtzeitige Entscheidungen und sinnvolle Orchestrierung (Zwilling, Agent, Workflow) werden den echten Mehrwert stiften. Der Mensch ist und bleibt Teil dieser zentralen Herausforderung.

Was Sie aus diesem essential mitnehmen können

- Ein klares, schnelles und einfaches Verständnis von KI im Wissenskontext
- Praxisnahe Beispiele und konkrete Schritte für den erfolgreichen Einstieg
- Hinweise zu Stolperfallen und Erfolgsfaktoren beim Einsatz von KI im Wissensmanagement
- Einblicke in psychologische Grenzen sowie die zentrale Rolle des Menschen im Prozess
- Inspiration für den Aufbau einer modernen, zukunftsorientierten Wissenskultur

Literatur

Babcock, P. (2004). Shedding light on knowledge management. *HR Magazine, 49*(5), 46–50.

Gerlich, M. (2025). AI Tools in Society: Impacts on Cognitive Offloading and the Future of Critical Thinking. *Societies, 15*(1), 6. https://doi.org/10.3390/soc15010006

Guilford, J. P. (1980). Cognitive styles: What are they? *Educational and Psychological Measurement, 40*(3), 715–735. https://doi.org/10.1177/001316448004000315

Hardinges, H. & Simperl, E. (2024, 15. Okt.). A data for AI taxonomy. *The ODI.* https://theodi.org/news-and-events/blog/a-data-for-ai-taxonomy/

Horn, J. L., & Cattell, R. B. (1966). Refinement and test of the theory of fluid and crystallized general intelligences. *Journal of Educational Psychology, 57*(5), 253–270. https://doi.org/10.1037/h0023816

Jarrahi, M. H., Askay, D., & Eshraghi, A. (2023). Artificial intelligence and knowledge management: A partnership between human and AI. *Business Horizons, 66*(1), 87–99. https://doi.org/10.1016/j.bushor.2022.03.002

Jeong, C., Sim, S., Cho, H., Kim, S., & Shin, B. (2025). E2E Process Automation Leveraging Generative AI and IDP-Based Automation Agent: A Case Study on Corporate Expense Processing. *arXiv preprint arXiv:2505.20733.*

Jia, X., Li, W., & Cao, L. (2019). The role of metacognitive components in creative thinking. *Frontiers in Psychology, 10,* Article 2404. https://doi.org/10.3389/fpsyg.2019.02404

Khayatbashi, S., Sjölind, V., Granåker, A., & Jalali, A. (2025, June). AI-enhanced business process automation: a case study in the insurance domain using object-centric process mining. In *International Conference on Business Process Modeling, Development and Support* (S. 3–18). Springer Nature Switzerland.

Kyocera Document Solutions. (2018). *Defizite beim Wissensmanagement im Mittelstand.* UmweltDialog. https://www.umweltdialog.de/de/MANAGEMENT/unternehmens-kultur/2018/Kyocera-Studie-Defizite-beim-Wissensmanagement.php

Longo, F., Nicoletti, L., & Padovano, A. (2019). Ubiquitous knowledge empowers the smart factory: The impacts of a service-oriented digital twin on enterprises' performance. *Annual Reviews in Control, 47,* 221–236. https://doi.org/10.1016/j.arcontrol.2019.01.001

Offergelt, F., Hofreiter, S., & Steiner, T. (Eds.). (2024). *Wissensmanagement in modernen Organisationen: Impulse aus der Forschung und Erkenntnisse aus der Praxis* (1 ed.). Springer Gabler. https://doi.org/10.1007/978-3-662-68383-5

Messeri, L., & Crockett, M. J. (2024). Artificial intelligence and illusions of understanding in scientific research. *Nature, 627*, 49–58. https://doi.org/10.1038/s41586-024-07146-0

Nakash, M., & Bolisani, E. (2025). The transformative impact of AI on knowledge management processes. *Business Process Management Journal, 31*(8), 124–147. https://doi.org/10.1108/bpmj-11-2024-1137

Nonaka, I. (1994). A dynamic theory of organizational knowledge creation. *Organization Science, 5*(1), 14–37. https://doi.org/10.1287/orsc.5.1.14

Notion. (2025). *Strategic knowledge management in the age of AI: How European organisations are boosting productivity and empowering the next-gen workforce*. Notion & Vanson Bourne.

Rezaei, M., Pironti, M., & Quaglia, R. (2024). AI in knowledge sharing: Which ethical challenges are raised in decision-making processes for organisations? *Management Decision*, Advance online publication. https://doi.org/10.1108/MD-10-2023-2023

Shumailov, I., Shumaylov, Z., Zhao, Y., Papernot, N., Anderson, R., & Gal, Y. (2024). AI models collapse when trained on recursively generated data. *Nature, 631*(755–759). https://doi.org/10.1038/s41586-024-07566-y

Singla, A., Sukharevsky, A., Yee, L., Chui, M., & Hall, B. (2025). *The state of AI: How organizations are rewiring to capture value*. McKinsey & Company.

Simon, H. A. (1971). Designing organizations for an information-rich world. In M. Greenberger (Ed.), *Computers, communications, and the public interest* (pp. 37–72). Johns Hopkins Press.

Statistisches Bundesamt. (2025). *13,4 Millionen Erwerbspersonen erreichen in den nächsten 15 Jahren das gesetzliche Rentenlter*. Wiesbaden: Destatis. https://www.destatis.de/DE/Presse/Pressemitteilung/2025/08/PD25_N048_13.html

Taherdoost, H., & Madanchian, M. (2023). Artificial Intelligence and Knowledge Management: Impacts, Benefits, and Implementation. *Computers, 12*(4), 72. https://doi.org/10.3390/computers12040072

Tao, F., Zhang, H., Liu, A., & Nee, A. Y. C. (2019). Digital twin in industry: State-of-the-art. *IEEE Transactions on Industrial Informatics, 15*(4), 2405–2415. https://doi.org/10.1109/TII.2018.2873186

Vaccaro, M., Almaatouq, A. & Malone, T. When combinations of humans and AI are useful: A systematic review and meta-analysis. *Nature Human Behavior* 8, 2293–2303 (2024). https://doi.org/10.1038/s41562-024-02024-1

van Der Aalst, W. M., Ter Hofstede, A. H., Kiepuszewski, B., & Barros, A. P. (2003). Workflow patterns. *Distributed and Parallel Databases, 14*(1), 5–51. https://doi.org/10.1023/A:1022883727209

Wornow, M., Narayan, A., Opsahl-Ong, K., McIntyre, Q., Shah, N. H., & Re, C. (2024). Automating the enterprise with foundation models. *arXiv preprint arXiv:2405.03710*.

Xing, X., Shi, F., Huang, J., Wu, Y., Nan, Y., Zhang, S., Fang, Y., Roberts, M., Schönlieb, C. B., Del Ser, J., & Yang, G. (2025). On the caveats of AI autophagy. *Nature Machine Intelligence, 7*(2), 172–180. https://doi.org/10.1038/s42256-025-00984-1